SECTION 1

名詞

2 普通名詞

3a 単数形

SECTION 2

- **3a-1** 既出（既に話に登場している場合）
- **3a-2** 限定（情況や意味が限定されている場合）
- **3a-3** 代表（その種やカテゴリーを代表する場合）
- **3a-4** 最高・最適を示す場合
- **3a-5** ある種の病名
- **3a-6** by/to + the「体の一部」
- **3a-7** in + the「1日における時間帯」
  by + the「時間」や「数量」→ The
- **3a-8** 慣用表現

the

SECTION 3

- **3a-9** 不可算名詞
- **3a-10** 限定詞（this、that、each など）がある場合
- **3a-11** 所有格が使われている場合
- **3a-12** 名詞が which、what、whose に続く場合
- **3a-13** 「前置詞＋（無冠詞）名詞」の慣用句
- **3a-14** 「the＋名詞」に続く名詞
- **3a-15** 動名詞
- **3a-16** 無冠詞の慣用表現
- **3a-17** 重い病気

無冠詞

SECTION 4

- **3a-18** 母音の前

an

SECTION 5

- **3a-19** 複数の中の1つを示す
- **3a-20** 総称や定義を表す
- **3a-21** 「such＋a ~」の構文
- **3a-22** 日常的な病名
- **3a-23** 慣用表現

a an

3b 複数形

SECTION 6

- **3b-1** 既出（既に話に登場している場合）
- **3b-2** 限定（情況や意味が限定されている場合）
- **3b-3** either of・neither of・each of・none of・all of・both of・most of・some of に続く複数名詞

the

SECTION 7

- **3b-4** ある種の数詞につく
- **3b-5** few/great many/lot of につく

a an

無冠詞

2 固有名詞

3c 単数形

SECTION 8

- 3c-1 集合の中の個々の構成員を指す
- 3c-2 個々のブランド製品を指す
- 3c-3 個々の芸術作品を指す
- 3c-4 重要でないこと・不特定であることを示す

a an

SECTION 9

- 3c-5 人物名について重要性を示す
- 3c-6 形容詞とともに家族の一員を示す
- 3c-7 組織・団体名を構成する
- 3c-8 役職名・称号につく
- 3c-9 海洋・河川の名などにつく
- 3c-10 群島の名につく
- 3c-11 山脈の名につく
- 3c-12 砂漠の名につく
- 3c-13 船舶の名につく
- 3c-14 国名・地域名につく
- 3c-15 列車や飛行機名につく
- 3c-16 橋やトンネルの名につく
- 3c-17 ホテルや建築物名につくことがある
- 3c-18 新聞や宗教関連書籍・教典などにつくことがある
- 3c-19 歴史上の時代名につく

the

無冠詞

3d 複数形

SECTION 10

- 3d-1 限定されない集合の構成員
- 3d-2 集合の構成員全体を指す場合
- 3d-3 限定詞・所有格がつく場合
- 3d-4 which や whose がつく場合
- 3d-5 数詞がつく場合
- 3d-6 ファースト・ネームの複数形
- 3d-7 曜日の複数形

無冠詞

SECTION 11

- 3d-8 few/great many/lot of につく場合
- 3d-9 数詞につく場合

a

SECTION 12

- 3d-10 「the + 名字の複数形」
- 3d-11 「the + 固有名詞・複数形」

the

形容詞につく the

チャートでわかるaとanとthe

本書はアラン・ブレンダー著 *Three Crucial Words: A, An, The* に基づき加筆・修正をおこない日本語版としたものです。

装幀 ──────── 菊地 信義
編集協力 ──────── Peter Gore-Booth
　　　　　　　　 Kodansha America, Inc.

チャートでわかるaとanとthe
ネイティブが作った冠詞ナビ

アラン・ブレンダー［著］
石井節子［訳］

講談社インターナショナル
Tokyo・New York・London

まえがき

　アジアやアフリカの国々には、冠詞を持たない言語がいくつも存在します。私はこれまで主に日本とマレーシアで英語教育に携わってきましたが、その経験から冠詞のシステムを母語にもたない国の人々が英語を学ぶ際には共通して冠詞に悩まされることがわかりました。しかし冠詞の基本的なルールを知ることによって明らかに彼らの冠詞の間違いが激減し、さらには英語への理解を示すに至ったのです。これが日本とマレーシアの2つの大学で実験的に冠詞プログラムをおこなってきた私の貴重な成果でした。

　最近は10年以上日本で英語教育に携わっていますが、相変わらず冠詞が不当に軽視されていることをとても残念に思います。冠詞は、仮定法や関係代名詞と同じように英語では重責を担っています。にもかかわらず、教科書や参考書にある冠詞の説明はほんの数ページにしか過ぎません。名詞につく小さな単語、あってもなくても大勢に影響のないアクセサリーのようなもののように思われています。しかし実際には、a か the の違いでコミュニケーションがとれなくなってしまうことすらあるのです。ちょっと次の文章をみてください。

> I put **the** plate on **the** table.
> （私は〈その〉皿を〈その〉テーブルに置いた）

ここに登場する the のついた皿とテーブルは「指でさし示す」ことができます。しかしこれが a ですと指ではさせません。the という冠詞は意味を「限定」する役目をもっていますので、この皿もテーブルは限定されたもの、たとえば、話し手と聞き手がいる部屋にある1つしかない皿とテーブルか、あるいは複数あっても話し手と聞き手が指している「限られた」皿とテーブルであるかのどちらかということになります。しかし the が不定冠詞 a に代えられると話は一変し、この世にあるどれでもいいから1枚の皿と1つのテーブルということになってしまい、とうてい指でさし示すことなどできなくなります。

それではもうひとつ、今度は冠詞が置かれる位置によっても意味に相違が生じるケースを紹介します。

He is only **a** child.

He is **an** only child.

He is **the** only child.

これらの違いについて、すぐに分かる読者がいれば、その人はかなり冠詞の重要性に気づいている人でしょう。さて意味ですが、最初の文は「彼はほんの子供だ」という意味で、次が「彼には兄弟がいない、いわゆる『一人っ子』である」という意味、最後が「彼は（両親からみて）唯一の子」あるいは「彼は、ある集合（グループでもクラスでもいいのですが）の中で唯一の子供」という意味になります（詳しくは**本書「SECTION 2 [限定の the] 参照**）。

同じ文章でも冠詞の種類や置き場所ひとつで、その文章が表している情況、意味が変わってしまい、ときには深刻な問題を生ずることさえあるわけです。

本書が冠詞のすべてを説明し尽くしているとはいいませんが、ネイティブ・スピーカーからみても、少なくとも通常の会話や文章を書く上でこれだけ解っていればほぼ正確な意味の伝達が可能という内容にはなっていると思います。もちろん世の中には冠詞を高級な「英語論」の材料として論じている書物もあります。しかし私は大半の日本人英語学習者にとっては、冠詞のシステムを支える太い骨組みを理解することが大切だと考えるものです。本書がその意味で役立つことを心より願っています。

◆ チャートについて

本書の巻頭の見開きには、読者が知りたい冠詞に簡単にアクセスできるよう冠詞ルール・チャートがついています。また各セクションの扉にも、そのセクションに関連する部分のチャートがつけてあります。チャ

ートは、知りたい冠詞に素早くアクセスできるだけでなく、図として眺めても冠詞の仕組みを視覚的に理解するのに役立ちます。

　チャートは、名詞につける冠詞をどのように決定していくのか、その考え方のプロセスを図式化したものです。チャートの構成について少し説明しますと、そもそも冠詞は名詞につけられるものですから、チャートの骨組みは名詞の分類が基となってつくられています。具体的には、名詞をまず普通名詞と固有名詞の2つに大きく分け、それぞれを単数と複数に分け、全体としては4つのブロックに区分けしています。それぞれのブロックでは、定冠詞 the をとるグループ、不定冠詞 a をとるグループ、無冠詞となるグループというようにグループ分けし、各グループ内では、なぜその冠詞が必要なのか（あるいは不必要となるのか）、その理由や条件を箇条書きで簡潔に示しています。その際、重要度の高い理由から低いものへと並べるよう配慮しました。実際問題として、重要度に段階をつけることは難しいことですが、冠詞の理解、あるいは実際に冠詞を使う立場に立った場合、これは必要な配慮だと考えました。

　チャートで自分の知りたい冠詞を見つけたら、本文に進み、解説を読んでなぜその冠詞を必要とするのか学習してください。そして理解が十分にできたかどうかをexercise で確かめてください。

◆ 巻末のテストについて

　巻末には Part 1 と Part 2 に分けたテストを用意しました。 Part 1 では適切な冠詞や限定詞で空欄を埋める問題が4題、 Part 2 では冠詞をすべて取り除いた雑誌の記事に必要な冠詞を入れて文章を完成させる問題を用意してあります。本書を読む前あるいは途中で実力を試したい場合は、答えは紙片などを用意して書き込み、学習段階に応じて何度でも自己診断できるようくり返し挑戦してみてください。そして、最終的に本書を学び終えたときと成果を比べてみてください。

　最後になりましたが、本書刊行するにあたりお力添えをいただいた方々にお礼を申し述べたいと思います。そもそも20年以上前になりますが、私はコロンビア大学でクリフォード・ヒル博士から大きな示唆を

与えられ、それが本書の生まれるきっかけとなりました。またその後の冠詞研究の一環で私が日本に来られるよう尽力してくださったのは、株式会社ケミトックス代表取締役社長中山紘一氏です。

　テンプル大学日本校の学生のみなさんには、冠詞の学習やテストを通じて有益な意見をいただきました。同校の講師、リン・マクナマラ、ローラ・メイヤーの両氏には、本書の編集や校正といった点で助けていただきました。また日本語フォーラムのシャリ・バーマン氏からいただいた助言は本書の制作に大きな励ましとなりました。

　メリーランド大学（マレーシア）のメアリー・バロン氏には冠詞研究のプロジェクト推進に甚大なる御協力をいただき、そのお力添えなくして本書の刊行はあり得なかったと思います。それまでテンプル大学日本校で調査研究した成果をメリーランド大学の学生たちの協力でさらに検討を加え、改善することができました。これもバロン氏のおかげです。同大学での成果をもって、全国語学教育学会の各支部に調査結果を提出し、それが本書の刊行というかたちで結実したわけです。あらためてみなさまに感謝を申し上げます。

アラン・ブレンダー

目次

まえがき 4

SECTION 1 名詞　13

1 固有名詞と普通名詞　14
2 可算名詞と不可算名詞　14

SECTION 2 the＋普通名詞・単数形　18

STEP 3a-1 既出の the　20
STEP 3a-2 限定の the　23
　身ぶりなどによる限定　24
　内容や状況による限定　24
　名詞が意味を限定する語とともに使われている場合　25
　名詞が形容詞や節によって修飾されている場合　26
　文脈による限定　26
　定義や条件による限定　28
　「唯一」の存在であるという限定　29
　「ある情況の中で唯一」の存在であるという限定　29
　this や his の代わりの the　31
　論理からの限定　32
　冠詞の位置によっては「情況」も変化　33
STEP 3a-3 代表を示す the　36
　代表の the　36
　既出の the　36
　限定の the　37
STEP 3a-4 最高・最適を表す the　41

STEP 3a-5 the＋ある種の病名　47
STEP 3a-6 by/to＋the＋「体の部分」　47
STEP 3a-7 in＋the＋「1日の中の時間」
by＋the＋「時間」や「量」　50
STEP 3a-8 the ＋単数名詞の慣用句　54

SECTION 3　無冠詞の普通名詞・単数形　56

STEP 3a-9　不可算名詞は無冠詞　57

物質名詞　58

集合名詞　63

特性や性格を表す名詞　73

「感情」を表す名詞　74

活動・行動・行為を表す名詞　75

自然や人的な力・作用を表す名詞　79

「総称」的意味をもつ名詞　84

学問の名称　88

STEP 3a-10　限定詞があれば無冠詞　92

STEP 3a-11　所有格が使われていれば無冠詞　99

STEP 3a-12　名詞が which、what、whose
に続く場合は無冠詞　110

STEP 3a-13　「前置詞＋(無冠詞)名詞」の慣用句　117

by ＋移動の手段　117

by ＋1日のうちの「時」　118

at ＋場所　119

at ＋1日のうちの「時」　120

to ＋場所　120

朝食・昼食・夕食などと一緒に使われる前置詞　121

in ＋ 物・事　122

STEP 3a-14　「the＋名詞」に続く名詞は無冠詞　124

STEP 3a-15　動名詞は無冠詞　128

STEP 3a-16　無冠詞の慣用表現　131

STEP 3a-17　重病は無冠詞　136

SECTION 4 an＋普通名詞・単数形　　140

STEP 3a-18 an ＋母音　141
　an + other = another　143

SECTION 5 a (an)＋普通名詞・単数形　　146

STEP 3a-19 複数の中の1つを示す　148
STEP 3a-20 総称や定義を表す「a ＋名詞」　149
STEP 3a-21 「such ＋ a ～」の構文　150
STEP 3a-22 日常的な病気の名　151
STEP 3a-23 a を使う慣用表現　151
　a lot of と a great deal of　151

SECTION 6 the＋普通名詞・複数形　　156

STEP 3b-1 既出　158
STEP 3b-2 限定　161
STEP 3b-3 either of・each of などに続く複数名詞には the が必要　166
　■ either of　166　■ neither of　167　■ each of　167
　■ none of　168　■ all/all of　169　■ both/both of　170
　■ most of　171　■ some of　172

SECTION 7 a (an)＋普通名詞・複数形　　176

STEP 3b-4 a ＋ある種の数詞　177
STEP 3b-5 a ＋ few・great many・lot of　178

SECTION 8 a (an)＋固有名詞・単数形　184

- **STEP 3c-1** a ＋集合の中の個々の構成員　185
- **STEP 3c-2** a ＋個々のブランド製品　191
- **STEP 3c-3** a ＋個々の芸術作品　196
- **STEP 3c-4** 重要でないこと・不特定であることを示す　197

SECTION 9 the＋固有名詞・単数形　200

- **STEP 3c-5** 重要性を示す「the＋人物名」　201
- **STEP 3c-6** 「the＋形容詞＋家族の一員」　202
- **STEP 3c-7** 「the＋組織・団体名」　203
  - ■ 学校名　203　■ 教会名　204　■ 歴史的な出来事　205
  - ■ 学課名　206　■ 会社名　206　■ 政府の機関など　206
  - ■ 学説・教義・協定など　207
- **STEP 3c-8** the＋役職名・称号　207
- **STEP 3c-9** the＋海洋・河川の名など　208
- **STEP 3c-10** the＋群島の名　210
- **STEP 3c-11** the＋山脈の名　211
- **STEP 3c-12** the＋砂漠の名　211
- **STEP 3c-13** the＋船舶名　212
- **STEP 3c-14** the＋国名や地域の名　212
- **STEP 3c-15** the＋列車や飛行機名　213
- **STEP 3c-16** the＋橋やトンネルの名　215
- **STEP 3c-17** the＋ホテル名や建造物名　215
- **STEP 3c-18** The＋新聞や宗教関連書籍・教典など　216
- **STEP 3c-19** the＋歴史上の時代名　218

SECTION 10 無冠詞の固有名詞・複数形　226

- **STEP 3d-1** 限定されない集合の構成員やブランド製品　227
- **STEP 3d-2** 集合や組織の構成員全体を指す場合　229
- **STEP 3d-3** 限定詞や所有格がつく場合　230
- **STEP 3d-4** which や whose がつく場合　230
- **STEP 3d-5** 数詞がつく場合　231
- **STEP 3d-6** ファースト・ネームの複数形　232
- **STEP 3d-7** 曜日の複数形　232

SECTION 11 a＋固有名詞・複数形　234

- **STEP 3d-8** a + few・great many・lot of　235
- **STEP 3d-9** a +数詞：a dozen、a hundred など　235

SECTION 12 the＋固有名詞・複数形　236

- **STEP 3d-10** 「the ＋名字の複数形」　237
- **STEP 3d-11** 「the ＋固有名詞・複数形」　237

形容詞につく冠詞　239

実力診断テスト　240
- **PART 1**　240
- **PART 2**　248

解答　252

SECTION 1

名詞

冠詞は原則として名詞とともに用いられます。そのためまずはじめに名詞に関する基本的事項をおさえておく必要があります。通常使われている言葉のなかで、名詞の占める割合は5分の1ないしは4分の1にもおよび、正確に冠詞を使うためにはどうしても名詞の見極めが大切になります。

名詞が事物の名前であることは周知のとおりです。ひとくちに事物の名といっても、「鈴木一郎」のようにその人だけがもつ氏名から「本」、「りんご」、「犬」、「桜」のように一般的な物や動植物名、あるいは「水」や「空気」のように姿形のないもの、「家具」や「家族」のように同類あるいは複数で成り立っているものをまとめて呼ぶもの、「友情」や「真実」といった目に見えない抽象的なコンセプトを指すものまでさまざまなものが含まれています。

冠詞の理解、習得を目的とする本書では、名詞をあくまで冠詞を理解する上で都合のよい形で分類しています。そこでまず名詞を次のように2つに分類してみます。

1　「普通名詞」と「固有名詞」
2　「可算名詞」と「不可算名詞」

冠詞の性格や使い方を理解する上では、以上の分類を用いるのが便利です。従いまして本書のチャートはこの分類を軸に構成されています。

1 固有名詞と普通名詞

固有名詞か普通名詞か、その違いは冠詞を左右します。固有名詞は「世界に1つしか存在しないもの」の名称であり、普通名詞は同じ、あるいは同様のものが複数存在することを示している名称です。冠詞の重要な役割のひとつは、その名詞が唯一の存在ならば the によって、複数の中の1つならば a によってそのことを示すことにありますので、普通名詞か固有名詞かで冠詞の使い方に大きな方向性が与えられるわけです。もちろん例外がありますので、詳しくは本文を参照してください。

普通名詞	固有名詞
a boy	Taro
a country	Japan
a car	a Toyota
socialism	Communism

2 可算名詞と不可算名詞

日本語と違い、英語では単数か複数かの判断が極めて大切です。それによって冠詞に大きな影響が出るからです。「普通名詞と固有名詞」のところで書きましたように、不定冠詞 a と定冠詞 the では根本的に役割が異なりますから、名詞が数えられるか否かで、道が大きく分かれるわけです。

それでは、数えられる名詞が複数形になるとどう変化するのか、参考までにそのパターンをいくつか紹介しておきます。

■ 可算名詞

単数形	複数形

語尾 + s
- pencil — pencils
- cow — cows

語尾が s, x, sh, ch + es
- bus — buses
- box — boxes
- bush — bushes
- church — churches

母音字が変化するもの
- man — men
- woman — women
- mouse — mice
- goose — geese

語尾に -(r)en をつけるもの
- ox — oxen
- child — children

語尾の 〈子音 + y〉を〈子音 + ies〉
- baby — babies
- city — cities

語尾の f, fe が -ves となるもの
- wife — wives
- leaf — leaves

単数と複数が同形のもの

deer	deer
fish	fish
sheep	sheep
species	species

■ 不可算名詞

以下に挙げたのは、不可算名詞です。数えることはできませんから、可算名詞のように語尾を変化させて複数を表すことは、原則としてはできません。

物質名詞：water　sand　metal
集合名詞：furniture　jewelry　poultry

ただし、集合名詞でも family や team のようにイメージとして1つのまとまりを感じさせるものは加算となる点に注意してください。他に army、platoon、gang、group などが可算となります。

性質や特性を表す名詞：ignorance　bravery　shyness
感情を表す名詞：happiness　anger　jealousy
活動や運動を表す名詞：golf　fishing　reading
自然や人的な力、作用をを表す名詞：thunder　war　peace
「総称」となっている名詞：society　crime　nature
学問分野などを表す名詞：chemistry　sociology　poetry

不可算名詞は複数形にはなりませんが、なかには前後関係によって加算・不可算の両方になるものがあります。

不可算名詞

She has black hair.
(彼女は黒い髪をしている)

Crime is a serious problem in that city.
(その町では犯罪が重大な問題になっている)

可算名詞

There is a hair in my soup.
(スープに髪の毛が1本入っている)

I didn't know I had committed a crime.
(私は罪を犯していたことを知らなかった)

会話のなかでは、不可算名詞を加算名詞として使う場合があります。

I'd like a beer. (ビールを1杯飲みたい)
He ordered two coffees. (彼はコーヒーを2つ注文した)

この2つの例文では、話し手も聞き手もビール1杯がコップなのか瓶なのか分かっていますし、またコーヒーがカップであることも承知しているわけです。

ここでの名詞分類は最も基本的な分類で、チャートの出発点にあたります。名詞と冠詞の関係は、上の加算と不可算両用の場合も一例ですが、基本的なルールばかりでなく、ルールを外れたところにも「英語の発想」が表れます。「冠詞」のセクションでは、この2つの大きな分類を振り出しに冠詞のいろいろな機能を日常の英語から解説します。

SECTION 2

the + 普通名詞・単数形

単数形

- **3a-1** 既出（既に話に登場している場合）
- **3a-2** 限定（情況や意味が限定されている場合）
- **3a-3** 代表（その種やカテゴリーを代表する場合）
- **3a-4** 最高・最適を示す場合
- **3a-5** ある種の病名
- **3a-6** by/to + the「体の一部」
- **3a-7** in + the「1日における時間帯」
  by + the「時間」や「数量」
  → The
- **3a-8** 慣用表現

▶ the

多くの場合、普通名詞の単数形には冠詞 a が使われますが、a に代わり the が使えたり冠詞を省略できたりする場合も多くあります。

上のチャートでは、冠詞 the をとる場合の条件が示されています。このなかでも 3a-1「**既出**」と 3a-2「**限定**」の2つはとても重要ですので特に注意してください。単数普通名詞に the が使われる条件のうち、ほとんどの場合がこれらの条件によるものであり、複数名詞や不可算名詞でさえ「既出」と「限定」は the をとる有力な条件になっています。この2つの条件以外では、実際に the を必要とするものはそう多くはありません。

なぜ「既出」と「限定」が the を使う条件として重要であるのか。これを説明するには、a と the の最も基本的な違いを知る必要があります。その違いは、a が本来「複数の中の1つ」を意味するのに対し、the が「唯一の存在」を指すというところにあります。

既出の場合に the が使われるのは、初出のときは「複数の中1つ」であったものが、2度目に話題にされるときに「唯一の存在」になるからです。

> Last night I took **a taxi** home. This morning I realized I left my umbrella in **the taxi**.
> (昨夜タクシーで帰宅しました。今朝になってそのタクシーに傘を忘れたのに気がつきました)

a taxi は数あるタクシーの中の不特定の1台を指していますが、**the** taxi は傘を置き忘れたその車、この世に唯一の存在となったそのタクシーを指しています。ですから、既出となったとき「唯一」を意味する the を使わないかぎり、意味が通らなくなります。

次に「限定」の場合です。

> She is **a** Meiji University student.
> （彼女は明治大学の学生です）

彼女はたくさんの明治大学の学生の中の1人ですから、a を使わなくてはなりません。もし the にした場合は次のようになります。

> She is **the** Meiji University student.

この場合、the によって彼女が「唯一限定された1人」となり、明治大学には学生が1人（彼女）しかいないことになってしまいます。しかし、次のように the を使うことは可能です。

> She is **the** Meiji University student who phoned me last night.
> （彼女は、昨夜私に電話してきた明治大学の学生だ）

この場合、彼女は「昨夜私に電話してきた女子学生」として、何人もいる学生の中で限定された唯一の存在となっているわけです。

STEP 3a-1　既出の the

名詞が普通名詞であり単数であることを確認したら、次に、その名詞が前にも出てきたかどうか見てみてください。もし出ていれば、名詞には the が必要です。

> **A** small boy threw an orange at Hideyuki and hit him. Hideyuki became angry and shouted at **the** boy.
> （小さな男の子が秀之にオレンジを投げ、それが秀之に当たりました。秀之は怒って、その男の子に向かって怒鳴りました）

太字の冠詞に注意してください。同じ名詞（この場合は boy）の1回目と2回目の登場のしかたにも注目してください。1回目は男の子がまだ限定されていないため、冠詞 a が使われています。この場合はまだ、彼はただのどこかの男の子です。しかし2回目の boy ではその男の子はまさに秀之にオレンジを投げつけた男の子です。boy に the がつくのは、既に登場した、つまり既出であるという理由からです。

次の例では、初めて登場した desk と lamp には a、既出となったときに the に代わっています。

> Hideyuki's wife bought **a** desk and **a** lamp yesterday. She paid ¥50,000 for **the** desk and ¥25,000 for **the** lamp.
> （秀之の妻はきのう、机とランプを買いました。彼女は机に5万円、ランプに2万5千円支払いました）

2回目には、同じことを意味していながら、**同一の言葉がくり返されず他の言葉で言い換えられる場合**もあります。金額とか、集合名詞ではよく起こることですが、それでも the は必要になります。

> Hideyuki gave his son Taro, **500 yen**. Taro spent **the money** on ice cream.
> （秀之は息子の太郎に500円やりました。太郎はそれでアイスクリームを買いました）

> Midori bought a **sofa** and **an arm chair** yesterday. The salesman promised that **the furniture** would be delivered today.
> （みどりはきのう、ソファーとアームチェアーを買いました。売り場の担当者は商品は今日、配達すると約束しました）

既出の名詞に対する**同義語**が使われている場合、しばしば the がその前につきます。

An ugly old woman shook her finger at me and warned me not to enter that house. But I decided not to pay attention to **the hag** and went into the house anyway.
(醜い老女が私に向かって指をふりたて、その家には入るなと警告した。しかし、私はその鬼婆には注意を払わないことに決め、とにかく家に入った)

Taro is eight years old, but he looks much older. Many people think **the boy** is ten or eleven years old.
(太郎は8歳ですが、ずっと大人びて見えます。多くの人が、彼を10歳か11歳だと思っています)

We found **a sparrow** with a broken wing. We kept **the bird** in our house and nursed it back to health.
(私たちは羽をけがしたスズメを拾った。家でその鳥を飼い、面倒をみてけがを治してやった)

同じ言葉を使っていても、指しているものは同じでない場合もあります。このようなときには the は使いません。

Hideyuki's brother gave him ¥500 to buy **a magazine**, but Hideyuki could not find **a magazine** he liked.
(秀之は、兄から雑誌を買うようにと 500 円もらったが、秀之は好きな雑誌を見つけられなかった)

Exercise 1

空欄に a あるいは the を入れて以下の文を完成させなさい。

(1) __A__ small boy asked Hideyuki for ¥100. Hideyuki was surprised and asked (2) __the__ boy why he wanted (3) __the__ money. (4) __The__ boy said he needed (5) __the__ money to buy his father (6) __a__ newspaper. (7) __The__ boy's father had given him (8) __the__ money to buy (9) __the a__ newspaper, but (10) __the__ boy had bought (11) __a__ bottle of Coca Cola instead. Now he had no money to buy (12) __the__ newspaper.

（解答は 252 ページ）

STEP 3a-2　限定の the

the が使われるもっとも有力な決め手として重要なものが2つあります。ひとつは、既に話題に登場した名詞を再登場させる際に「既出」であることを示す the であり、もうひとつは、ここで見ていく「限定」の役割を担う the です。話し手は、内容的、情況的、心理的などの理由で何らかの「限定」を加える必要があると思えば、the を使うことになります。逆にいえば、聞き手や読者は、the によって話し手の意味するところ、論理、心理をくみ取ることになります。

以下に名詞に「限定」の the が使われる大切な要因を挙げます。

- ◆ 身ぶりなどによる限定
- ◆ 内容や情況による限定
- ◆ 定義や条件による限定
- ◆ 「唯一」の存在であるという限定
- ◆ 「ある情況の中で唯一」の存在であるという限定

■ 身ぶりなどによる限定

人や物、場所などを指さしながら、あるいはジェスチャーを伴って、名詞に「限定」の the を使うことができます。

The clock glows in the dark, doesn't it?
その時計は暗いところで光るんだねぇ（時計を指さす）

The boy is quite tall for his age.
あの少年は歳のわりに背が高いね（その少年に向かってうなずく、あごで示す）

The handle fell off the basket.
かごの取っ手が落ちましたよ。（そのかごを身ぶりで指す）

Take **the stairs.**
その階段を上がってください（階段を身ぶりで示す）

■ 内容や情況による限定

名詞は詳細情報を与えられることで、その内容や意味が具体的なものとなり、限定されたものとなります。次の2つの文を比較してください。

She is **the** Meiji University student.

She is **the** Meiji University student who phoned me yesterday.
（彼女が昨日私に電話をしてきた明治大生です）

最初の文では、the の本来の意味(「唯一」であることを示す)に従い、彼女が明治大学にいる唯一の学生ということになります。文章上は正しいかもしれませんが、現実をみれば誤りであることが分かります。しかし2番目の文では、student という名詞に情報がつけ加えられているため、その情報の範囲内で彼女は「唯一」の学生として限定されているわけです。

では次の文を見てください。

> A salesman knocked at **the front door**.
> (セールスマンが私の家の玄関のドアをノックした)

> Hideyuki looked at **the alarm clock** on **the chair** by his bed.
> (秀之はベッドのそばにある椅子の上の目覚まし時計を見た)

最初の文では、話し手は自分の家の玄関のドアか、自分と聞き手の両方が、この会話において了解しているドアについて話しています。その家にはたくさんのドアがあると思われますが、玄関のドアは1つしかないのでしょう。

2番目の文では、話し手はある限定された目覚まし時計―椅子の上にある時計―について話しています。また椅子も、限定されたもの―秀之のベッドのわきにある椅子―を指しています。

■ 名詞が意味を限定する語とともに使われている場合

名詞を修飾する語が、only のようにそれ自身はじめから意味を限定する性質をもつ場合、the がつくことがよくあります。

> He is **the only boy** in the class.
> (彼はクラスで唯一の少年です)

She sat on **the single chair** in the room and broke it.
(彼女は部屋に1つだけあった椅子に腰掛け、それを壊してしまった)

Tom was **the last person** to leave the theater.
(トムはその劇場を出た最後の人間だった)

■ 名詞が形容詞句や節によって修飾されている場合

前置詞を含む句や関係詞節が名詞を修飾する場合、名詞は意味的に限定されますので、「限定」の the がつきます。

The car under the tree is my sister's.
(あの木の下にある車は私の姉のです)

The student sitting next to Keiko is often late.
(恵子のとなりに座っている生徒はしばしば遅刻します)

The girl with the purple handbag lives near my house.
(あの紫のハンドバッグを持った少女は私のうちの近所に住んでいます)

The boy who is cutting the grass is the star football player.
(草を刈っているあの少年はフットボールの名選手です)

The woman whose husband committed suicide yesterday is in the hospital.
(昨日夫に自殺されたその女性は今入院しています)

■ 文脈による限定

名詞が限定されているか否かは内容や前後関係が決め手となることがあります。

次の2つの boy がどのような文脈で the と a がつけられるのか、以下の会話でみてみましょう。

The boy is over there. (その少年はあそこにいます)

A boy is over there. (ある1人の少年があそこにいます)

Hideyuki: I am looking for **a boy**. His name is Ken. He is a very thin boy, about ten years old, who wears glasses. He's wearing a red shirt and bluejeans. Have you seen him?

Koichi: Yes, **the boy** is over there.

秀之：男の子を探してるんだけど。健っていって、すごくやせてて、10歳くらいで、メガネをかけてるんだ。赤いシャツを着てブルージーンズをはいてるんだけど、見なかったか？

孝一：ああ、その子ならあそこだよ。

Midori: Hideyuki, I think we are lost. Is there anybody around from whom we can ask directions?

Hideyuki: Yes, **a boy** is over there.

みどり：秀之、私たち迷っちゃったみたいよ。道を聞ける人はだれかいないかしら。

秀之： ああ、あそこに男の子がいるよ。

最初の例では、秀之はある特定の少年を探しています。孝一はそのことを知っているので、その限定された人物を指して the を使っています。

2番目の例では、みどりは誰かに道を尋ねたいと思っています。道さえ尋ねられれば誰でもよいわけです。秀之もそれは分かっていますので、不特定な名詞に使われる冠詞 a を使っています。しかし仮にその boy が再度登場するとなると、a ではなく、the となります。

Midori: Hideyuki, I think we are lost. Is there anybody around from whom we can ask directions?

Hideaki: Yes, **a boy** is over there. I'll ask him.

Midori: Good. Ask **the boy** how far Harajuku Station is from here.

みどり：秀之、私たち迷っちゃったみたいよ。道を聞ける人は誰かいないかしら？
秀之： ああ、あそこに男の子がいるよ。あの子に聞いてみよう。
みどり：ええ、じゃあ、あの子に、原宿駅はここから遠いかどうか、聞いてみて。

■ 定義や条件による限定

名詞は形容詞に定義されたり条件を与えられたりすることで限定されます。

a drawer → **the top drawer** （一番上の引き出し）
news → **the latest news** （最新のニュース）
decision → **the right decision** （正しい判断）

形容詞の最上級が使われる場合は the がつきます。最上級により定義あるいは条件が与えられ、その結果集合の中の1人あるいは1つが限定され、取り出されるからです。

The tallest boy in the class was able to reach the books on the top shelf.
（クラスで一番背の高い少年は、一番上の棚にある本に手が届いた）

He is **the best student** in his class.
（彼はクラスで一番成績の良い生徒です）

Mrs. Takahashi bought **the most expensive watch** in the store.
（高橋夫人はその店で一番値段の高い腕時計を買いました）

■「唯一」の存在であるという限定

もともとの性質上、唯一の存在として限定されるものもあります。the の基本的意味(「唯一」の存在であることを示す)に忠実なこれらの語には the がつきます。

The sun is very hot today. （今日は太陽の光がとても強い）
The moon was hidden by clouds. （月は雲に隠れてしまっていた）

太字の名詞は唯一のものであり、よって限定された存在です。しかしこれらも、形容詞がつくことで唯一でなくなります。

A pale sun emerged after the snowstorm.
（吹雪の後で、青ざめた太陽が現れた）

太陽系には太陽は1つしかありませんが、その時々で異なった様子に見えます。ですから、a pale sun とか、a hot sun とか a red sun とかいう言い方が可能となるのです。

The path was lighted by **a full moon**.
（その小道は満月に照らされていた）

太陽系には月は1つしかありませんが、その見え方はさまざまに描写することができます。a crescent moon（三日月）、a half moon（半月）、a quarter moon（上弦、下弦の月）、a new moon（新月）などです。

■「ある情況の中で唯一」の存在であるという限定

その場所では唯一

ある場所ではそれが唯一のものだから、という理由で限定されることがあります。たとえば家の中では、通常ドアフォンは1つ、

冷蔵庫は1つ、ストーブは1つ、暖炉は1つ、階段も1つです。こういったことが文脈でははっきりしていれば、the をつけます。

> I answered **the telephone**.
> (電話に出ました)
>
> My mother put the kettle on **the stove**.
> (母がやかんをストーブにかけました)

コミュニティーやグループ内で唯一

あるコミュニティーやグループ内では、ある人やものが唯一の存在として限定できる場合があります。そのように、ある名詞が具体的に何を指しているのか分かっている場合、the をつけます。

> **The teacher** dismissed us early today.
> (今日、先生は私たちを早めに下校させた)
>
> **The president** of our company died last week.
> (わが社の社長は先週亡くなった)
>
> **The midterm exam** will be on Friday.
> (中間試験は金曜日です)

最初の文では、先生はある特定の1人を指しています。この先生は「私たちのクラス」を教えている先生です。学校にはほかにも先生がいるはずですが、与えられた状況下で話し手と聞き手は、この先生が誰なのか明白なのです。
2番目の文では、話し手は1人の社長（彼の勤める会社の社長）についてだけ問題にしています。
3番目の文では話し手は、それがどの中間テストか聞き手は了解済み、という前提で話しています。

では、次の文はどうでしょう。

A high school principal spoke to the national meeting of university English teachers.
(ある高校の校長が、大学の英語教師の全国集会で発言した)

ここでの校長は、唯一でも限定されているわけでもなく、大学の英語教師の全国集会の出席者の1人にすぎません。

A company president offered to donate money to our school fund.
(ある会社の社長が、われわれの学校の基金に寄付を申し出た)

ここでの会社社長は、多くの会社の社長の1人にすぎないため、冠詞 a が使われます。

■ this や his の代わりの the

話し手と聞き手がよくわかっている情況のなかで、直接的な感じを避けるため、ことさら所有格や指示代名詞(this や that など)を用いず、the を使うことがあります。これも、限定を表わす方法の1つです。

I locked **the door**.
そのドアをロックした。(my や his の代わりに the が使われている)

How do you like **the weather**?
このお天気はいかがですか。(this の代わりに the が使われている)

The farmer put **the chicken**s in **the henhouse** for the night.
その農夫は飼っている鶏を夜には鶏小屋に入れます。(his の代わりに冠詞が使われている)

次の文を見てください。

My wife is in the house.
(妻はその家にいます)

この文では話し手は、彼と聞き手の両方が、彼がどの家のことを言っているのか知っていることを前提にしています。彼自身の家か、彼からも聞き手からも見えている家か、あるいは2人が思い描くことのできる家か、どれかでしょう。もし話し手が、**My wife is in a house.**(妻はどこかの家にいます)と言ったとしたら、彼は妻がどこにいるか知らないことになります。彼は、近くにある何軒かの家のうちの一軒に入ったことは知っているが、それがどの一軒なのかは、知らないということになります。

英語では、"My wife is in house." とは決して言えません。ネイティブ・スピーカーの耳にはひどい英語に聞こえます。しかし "My wife is at home." は可能です。ただしこの "at home" は、彼の妻が誰か他人の家にではなく、彼女自身の家にいる場合にだけ使える表現です。

■ 論理からの限定

理屈で考えれば当然そうなるといった場合、判断によって限定された存在には、the が必要になります。

The boy in the red shirt is Hideyuki's nephew.
(赤いシャツの少年は秀之の甥です)

これは単純な例ですが、この場合理屈から考えて、赤いシャツを着ている少年は1人だけのはずです。そしてその赤いシャツを着た少年は甥として限定されているわけです。

ところで、in **the** red shirt は in **a** red shirt でも意味上は変

わりませんが、the の方が目の前に見えている感じを与えます。

　　Please shut **the door**. （ドアを閉めてくれたまえ）

この家あるいはビルの中にはたくさんのドアがあるでしょうが、どのドアを閉めるべきか、話し手と聞き手の双方は了解していることが the の存在から明らかです。もし教師が生徒に話しているのならば、ドアは教室の出入り口といったところでしょう。ロッカールームのドアや、校舎正面玄関ではないはずです。

　　Midori put **the milk** into **the refrigerator**.
　（みどりは冷蔵庫に牛乳をしまった）

milk に the がついているのは、それがみどりによって冷蔵庫にしまわれたものを指しているからで、refrigerator に the がついているのはこの冷蔵庫がみどり所有のものか家に1台しかない冷蔵庫を指しているからです。どちらも限定された存在ということになります。もし、Midori put the milk into a refrigerator. ならみどりが何台かの冷蔵庫をもっているか、家に何台かの冷蔵庫があって、いずれにしてもそのうちの1台に milk をしまったことになります。

■ 冠詞の位置によっては「情況」も変化

同じ文章でも冠詞の置き場所ひとつで、その文章が表している情況、意味が変わってしまうことがあります。

　　Taro is only **a child**.
　　Taro is **the oniy child**.
　　Taro is **an only child**.

最初の文は「太郎はほんの子供だ」という意味で、実際はまだとても幼いので、何かおかしなことをしても、大目に見てやろうくらいの意を含んでいます。only は a child の強調です。

2番目は、2通りに解釈できます。ひとつは、Taro is the only child in the family. もうひとつは、Taro is the only child in the group. です。太郎は両親からみて唯一の子というわけです。もうひとつはある集合（group でも class でもかまいませんが）の中で太郎だけが唯一の子供であるという意味になります。いずれの場合も、family や group の中で「唯一」の存在になっているため、限定の the がついています。

　3番目では、太郎には兄弟姉妹がいない、いわゆる「一人っ子」であることを太郎からみて強調しています。この表現 an only child は成句ですので、文脈にかかわらず、この意味を保ちます。

Exercise 2

空欄に a または the を入れて文章を完成させなさい。

(1) _____ boy wearing (2) _____ red shirt is Hideyuki's younger brother. (3) _____ umbrella he is carrying is very expensive. It was made in England. Hideyuki bought (4) _____ umbrella when he was on (5) _____ trip to London. He bought it as (6) _____ souvenir for his brother. Now everyone in (7) _____ family wants (8) _____ similar present.

（解答は 252 ページ）

Exercise 3

太字になっている a や the の用法が正しい場合には C を、間違っている場合には×をつけ正しい冠詞を解答例にならって書きなさい。

A girl was playing with **the** ball near Nagahara Station. **A**⁽¹⁾ ball often hit people as they came out of **the**⁽²⁾ station. When **a**⁽³⁾ ball hit Mr. Nakayama, it knocked off his glasses. He became very angry and took **a**⁽⁴⁾ ball away from **a**⁽⁵⁾ girl.

"Little girl," he said, "You must be careful with **the**⁽⁶⁾ ball. You almost broke my glasses. Could you have paid for them?" The⁽⁷⁾ girl started to cry. **The**⁽⁸⁾ woman coming out of **a**⁽⁹⁾ station said to Mr. Nakayama, "Do not be harsh with **a**⁽¹⁰⁾ girl. She meant no harm."

（解答は 252 ページ）

STEP 3a-3　代表を示す the

名詞が単数形のままで、グループ全体を代表する場合があります。この場合は通常 the をつけます。

The owl is a wise bird.
フクロウは賢い鳥だ。(すべてのフクロウは賢い鳥だ、という意味)

The sperm whale is fast disappearing as a species.
種としてのマッコウクジラは急速に死滅しつつある。(個体としてのマッコウクジラの数がどんどん減っているという意味)

The novel developed rapidly in the 19th century.
小説は19世紀に急速に発達した。(文学としての形態の小説は19世紀に急速に発達したという意味)

the が種やグループの「代表」を示しているのか、既出や特定を示しているのかといった判断は文脈や内容から注意深く行ってください。

なお、ここで重要なことは無生物 (a chair, a house, a book など) が種の代表として使われることは、ほとんどないということです。

■ 代表の the

The owl is a wise bird. Many cultures share this belief. There are many folk-tales about the wisdom of owls found in various countries which indicate how wide spread this belief is.
(フクロウは賢い鳥だ。こう言い伝えられている文化は多い。フクロウの知恵を語る民話はいろいろな文化の中に存在し、いかにこの信仰が広く信じられているかが分かる)

■ 既出の the

In that park there is **an owl**, a hawk, several ducks and a peacock. **The owl** can only be seen at night, but the ducks and the peacock are often seen in the daytime. The hawk is seldom seen.

(あの公園にはフクロウやタカ、数羽のアヒルやクジャクがいる。フクロウは夜しか見られないが、アヒルやクジャクは日中でもよく見られる。タカはほとんど見られない)

■ 限定の the

The owl sitting in the tree on your left is very old.

(あなたの左手の木の枝にいるフクロウはとても年を取っている)

Exercise 4

空欄に a、an、the のいずれかを入れなさい。the を入れる場合は P（既出）、S（限定）、R（代表）のいずれの理由によるものか回答例に従って書きなさい。

  R
 The dog has been domesticated thousands of years.

1. _____ dog tied to that tree looks sick.

2. _____ horse was used to transport humans before the invention of _____ automobile.

3. A cat was hit by a car in front of my house yesterday. We tried to help _____ cat, but it died anyway.

4. _____ lion is often called _____ king of beasts.

5. _____ donkey pulling _____ cart yesterday was beaten for refusing to go faster.

6. A mouse walked across my sister's foot last night. My sister screamed, and _____ mouse jumped.

(解答は 253 ページ)

種やカテゴリーを代表する意味で the＋名詞はよく出てくる形ですが、a も the と同じように使える場合があります。また冠詞をつけない名詞の複数形で同じ概念が表せます (STEP 3a-20 参照)。

A dog is a friendly animal. (犬は人なつこい動物です)

Dogs are friendly animals. (犬は人なつこい動物です)

注意することは、特に「人間」に関係する場合では、特定の単語が種の「総称」として使われることがあるということです。

man (人)

mankind (人類)

brotherhood (兄弟の間柄、同胞愛)

この場合、種を「総称」していることを示す the はつきません。the がなくても、既に単語そのものの中に総称の意味、概念が含まれているからです (STEP 3a-9「総称」(P. 84) 参照)。

Man has made many scientific advances over the last two hundred years.
(この200年で人類は多くの科学的進歩を成し遂げた)

The musicians showed **brotherhood** when they refused to play the dictator's anthem.
(その音楽家たちは、独裁者を賛美する曲の演奏を拒絶したとき団結を示した)

種やカテゴリーを代表する名詞を広い概念のままでなく、何らかの制限を与えて使いたい場合には、形容詞をつけて意味を限定することになりますが、その際、the を形容詞の前につけることができます。

The white man in colonial history
植民地時代の白人一般を指します。「植民地時代」という条件を与えて特定しています。

The business woman
ビジネスに携わる女性一般を指します。他の種類の女性のことは含みません。

The medical man
医師一般を指します。

Exercise 5

文中の太字の the がどのような理由で使われているのか、解答例にならって P（既出）、S（限定）、R（代表）のいずれかを書きなさい。

I saw a lion in **the**(S) zoo yesterday. I was impressed by **the**(P) lion. **The**(R) lion is a leader among animals, according to folk-tales in many countries.

1. **The**(1) pig is considered a dirty animal in many cultures. Moslems and Jews, for example, are for-

bidden to eat pork—**the** (2) meat of pigs. Yet in other countries, pork is considered a delicacy.

2. Hideyuki saw a squirrel near his house yesterday. **The** (3) squirrel was very fat and friendly, but it had an injured foot. **The** (4) squirrel's foot had been caught in a trap. **The** (5) trap had been set to catch rats, but **the** (6) trap had caught the squirrel instead.

3. **The** (7) dog sitting in **the** (8) old lady's lap was very small. It had ribbons tied in its hair and a rhinestone collar around its neck. Every time someone passed by, **the** (9) little dog barked in a high, squeaky voice.

4. **Man** (10) landed on **the** (11) moon in 1967.

(解答は 253 ページ)

STEP 3a-4 最高・最適を表す the

形容詞を用いず、「the + 名詞」のみで、その名詞に「最高」や「最適」の意味を与えるのも the の役割のひとつです。

the を「最高」の意味で使うときは、そのカテゴリーやグループの頂点、または多数の中でナンバーワンであることを意味します。

The Imperial Hotel is **the hotel** in Tokyo.
帝国ホテルは東京で最高のホテルだ。(帝国ホテルが東京のホテルすべての中で最高ランクに位置するという意味。the best や the most popular と意味的に同じ)

Shibuya is **the place** to go to have fun in Tokyo.
東京で楽しむのには渋谷は最高の場所だ。(この場合の the は the best の意味)

「最適である」という意味で the を使うときは、それが何かを正しく行うための唯一の方法であるということを示します。

That is **the spelling** for that word.
(それがその単語の正しい綴り方だ)

That is **the solution** to this problem.
(それがこの問題の唯一の解決法だ)

正しいあるいは適したやり方や方法が2つ以上ある場合は、不定冠詞 a をつけます。

That is **a solution** to that problem.
これはその問題の解決法だ。(ほかにも正しい解決法がある)

That is **a way** to spell that word.
これはその単語の綴り方の1つだ。(ほかにも正しい綴り方がある)

Distillation is **a method** of purifying water.
蒸留は水を浄化する方法だ。(水の浄化法はほかにもある)

not の後に the をつけて、それが一番正しいというわけではない、あるいは最高ではないということを表すこともできます。

That is **not the way** to behave.
(それが最も正しいふるまいというのではない)

That is **not the solution** to the problem.
(それがその問題の最良の解決法というわけではない)

That is **not the spelling** for that word.
(それはその単語の一番正しい綴り方というのではない)

Tokyo East Hotel is **not the hotel** in Tokyo; the Imperial Hotel is.
(東京イーストホテルは東京で最上級のホテルというわけではない。帝国ホテルこそそうだ)

Ginza is **no** longer **the place** in Tokyo; Shibuya is.
(銀座はもはや東京で最高の場所ではない。渋谷こそ最高だ)

Exercise 6

空欄に a または the を入れなさい。最初の答えは解答例です。

Hideyuki went to Narita Airport to meet his friend, Jim Stevens, from California. When he met Jim outside the customs area, they greeted each other and then had the following conversation.

Jim: What is **_the_** hotel in Tokyo?
Hideyuki: The Imperial, I believe.
Jim: It must be very expensive, but I still want

	to stay there. I like staying at (1) _____ hotel that is comfortable.
Hideyuki:	Okay, I'll call (2) _____ hotel and get (3) _____ room for you. Where would you like to eat tonight?
Jim:	I want to go to (4) _____ restaurant in Tokyo.
Hideyuki:	That will be very difficult because there are so many good ones here. In Yokohama, which isn't far from Tokyo, there is a Chinatown. (5) _____ restaurant for Chinese food there is called Kaihinkaku. If you like German food, (6) _____ restaurant is Alte Lieber.
Jim:	I think I'd like to have Japanese food.
Hideyuki:	Of course, there are many good Japanese restaurants in Tokyo. It is hard to decide which is (7) _____ Japanese restaurant in Tokyo.
Jim:	Then choose one you like. After we eat, we can go to Ginza. I heard it is (8) _____ place to go in Tokyo to have fun.
Hideyuki:	Ginza is no longer (9) _____ place; Shibuya is. Do you want to go there?
Jim:	Oh yes! And tomorrow I'm going to Kyoto, but I have very little time. What is (10) _____ good place to stay there?
Hideyuki:	The Miyako is (11) _____ hotel in Kyoto. Most people prefer that hotel.
Jim:	And what is (12) _____ place to see in Kyoto?

SECTION 2

Hideyuki: Nijojo is (13) _____ place to see in Kyoto. It is a very famous castle.

Jim: After I leave Tokyo, I want to take (14) _____ train ride. Any train will do. Which train do you suggest?

Hideyuki: The Shinkansen is (15) _____ most famous train in Japan. I think in English it is called (16) _____ Bullet Train. Have you heard of it?

Jim: Oh yes, it's (17) _____ most famous train in the world.

(Later)

Hideyuki: Jim, have you completed the results of (18) _____ tests you were conducting?

Jim: Oh, yes, I have. And I have finally found (19) _____ correct method. It has taken many tries, but I believe I have found (20) _____ solution.

Hideyuki: Good. I have been busy at my company too. We are trying to find (21) _____ good method to distill water from the sea. In Saudi Arabia, they use (22) _____ method involving solar energy. In other areas where the sun doesn't shine as much, they use (23) _____ method requiring liquid fuel. There are also other methods. We can't say we have found (24) _____ method.

(解答は253ページ)

ふつう、the best または the most correct を表すのに the を使うときは、the を [ði] のように発音します。そうでない場合は、[ðə] のように発音します。このほかで the が [ði] のように発音されるのは、母音 (a、i、u、e、o あるいは発音しない h のときも) のすぐ前に来ているときだけです。

[ði] と発音する the

the owl　　　　the ice　　　　the old man
the ugly pig　　the honest news

That is **the** solution.
(それこそ唯一の解決策だ)

That is **the** hotel in Kyoto.
(それこそ京都で最高のホテルだ)

[ðə] と発音する the

the man　　　　the utility man
the small owl　　the homework

This is **the** book I bought yesterday.
(これは昨日買った本です)

Do you like **the** picture in the corner?
(あのコーナーにある絵は好きですか)

Exercise 7

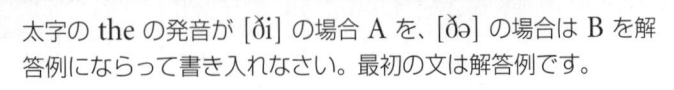

太字の the の発音が [ði] の場合 A を、[ðə] の場合は B を解答例にならって書き入れなさい。最初の文は解答例です。

  [A]   [B]
The owl was sitting in **the** tree outside my window.

1. The Waldorf is **the** [ ] hotel in New York.

2. Roller skating isn't **the** [ ] fad it once was in California.

3. **The** [ ] old man fell in front of **the** [ ] policeman.

4. **The** [ ] young otter swam in **the** [ ] pool.

5. Jim was anxious to go to **the** [ ] hotel in Tokyo. He wanted the very best.

6. Hideyuki told Jim that Nijojo was **the** [ ] place to see in Kyoto.

7. That is not **the** [ ] spelling for that word.

8. The Tokyo East Hotel is not **the** [ ] hotel in Tokyo. The Imperial is.

9. What is **the** [ ] solution to this problem? I really want to know **the** [ ] correct method of solving it.

(解答は 253 ページ)

STEP 3a-5　**the＋ある種の病名**

病名の中にはtheを必要とするものがいくつかあります。

the flu　（インフルエンザ）	the sniffles　（風邪）
the mumps　（お多福風邪）	the hives　（じん麻疹）
the chickenpox　（水ぼうそう）	the measles　（はしか）
the pox　（梅毒）	the clap　（淋病）

He has　**the flu.**　（彼はインフルエンザにかかっている）
　　　　the mumps.　（お多福風邪にかかっている）
　　　　the hives.　（じん麻疹が出ている）
　　　　the measles.　（はしかにかかっている）

他の疾病名は a がつくか、無冠詞かのいずれかです。どの病名がどの冠詞をとるかを覚えておく必要があります。

STEP 3a-6　**by/to + the +「体の部分」**

ある慣用句では、**by + the +「体の部分」**というパターンをとります。

Hideyuki grabbed Ken　**by the wrist.**　（秀之は健の手首をつかんだ）
　　　　　　　　　　by the hand.　（手を）
　　　　　　　　　　by the throat.　（のどを）
　　　　　　　　　　by the hair.　（髪を）
　　　　　　　　　　by the ear.　（耳を）
　　　　　　　　　　by the neck.　（首を）
　　　　　　　　　　by the foot.　（足を）
　　　　　　　　　　by the leg.　（脚を）

これらの体の各部がみな手で「つかめる」ことに気がつきましたか？ 機械や道具などを使わずに、ふつうに手でつかむことができない場合はこのパターンは使えません。次の例文は誤りです。

He grabbed him by the eye.
(彼は彼の目玉をつかんだ)

by + (無冠詞)「体の部分」で成っている慣用句もあります。こういった句は独特の意味を持ちます。

by/on foot (徒歩で)
by hand (手で、手渡しで)
by ear (耳で聴いて)
by heart (暗記で)

He came **by/on foot.** (彼は徒歩でやってきた)

このようにいう場合、車や電車で来たのではなく、実際に歩いてやってきたことを意味します。

A messenger from Mitsubishi Company delivered the letter to me **by hand**.
(三菱からの使いは私に手紙を手渡した)

これは、会社が私に、直接手紙を渡させるために誰かをよこしたことを意味しています。手紙は郵便で送られたのではないのです。

Midori made the dress **by hand**.
(みどりはそのドレスを手で縫った)

みどりはそのドレスをミシンなど機械を使わず手縫いした、という意味です。

Hideo plays the piano **by ear**.
(秀雄はピアノを耳で聴いたとおりに弾く)

これは彼がピアノを譜面にしたがって弾くのではないという意味です。聴いたとおりに弾くということです。

The student knows the lesson **by heart**.
(その学生はその授業を暗記している)

授業を by heart で知っている、ということは、その学生が完璧に授業内容を暗記しているという意味です。

He missed being killed in the accident **by the skin of his teeth**.
(彼はその事故であやうく死ぬところだった)

by the skin of his teeth というのは特別な熟語的表現です。けがや死を危ういところで避けたということです。

慣用表現の中には、**to + the +「体の部分」**という組み合わせもあります。

He was soaked **to the skin** by the rain.
(彼は雨でびしょぬれになった)

これは彼の衣類が雨でぐっしょりぬれたという意味です。

He was chilled **to the bone** by the cold wind.
(彼は冬の寒さに骨の髄まで凍えるほどだった)

The girl's rejection letter hurt him **to the quick**.
(その少女の拒絶の手紙は彼を激しく傷つけた)

彼はその少女からの手紙で非常に傷ついたという意味ですが、quick には感じやすい皮膚という意味があり、ふつうは比喩的に使います。

STEP 3a-7　in + the + 「1日の中の時間」
　　　　　　by + the + 「時間」や「量」

前置詞 in を使う場合は、the を1日の中の時間帯を表す語につけます。

 in the morning
 in the afternoon
 in the evening

night を使う場合はこのルールに反します。ふつうat night と言い、in the night とは言いません。ただ、誰かが突然夜遅く訪ねて来たときに in the night とすることはあります。しかし、at morning とか at afternoon とは言いません。英語ではそのような表現は一切できません。

by + the +「時間的な長さを表す名詞」で頻度や基準を示す慣用表現があります。

Kodansha Ltd., pays its employees | **by the hour.**
（講談社は従業員に時給で支払う）　　　　　　　| **by the day.** （日給で）
　　　　　　　　　　　　　　　　　　　　　　| **by the week.** （週休で）
　　　　　　　　　　　　　　　　　　　　　　| **by the month.** （月給で）

上の例では、給料計算のベースを言っています。誰かが by the hour で給料を支払われていたとしたら、彼の給料は時間いく

ら(たとえば1時間2000円で)の約束で支給されているということになります。

by + the + 「量や大きさを表す名詞」 も慣用的に使われます。

> In the U.S., eggs are sold **by the dozen**.
> (アメリカでは卵はダースで売られる)
>
> Apples are sometimes sold **by the bushel**.
> (リンゴはブッシェルます(35.24リッターのます)で売られることもある)
>
> In liquor stores, beer can be bought **by the crate**. In bars, however, beer is usually sold **by the glass** or **by the bottle**.
> (酒屋ではビールは(わく)箱で買える。一方バーではグラスかびんで売られる)

単位の前に数字をつける場合、by ではなく in を使います。この場合ふつう冠詞はつけません。

> Gold is sold **by the gram**.
> (金はグラムいくらで売買される)
>
> Meat is sold **in 100-gram weights** in Japan.
> (日本では、肉は100グラム単位で売られている)
>
> Rice is sold **by the sack**.
> (米は大袋に入って売られている)
>
> Rice is sold **in 25-kilo sacks**.
> (米は25キロ入りの袋で売られている)

Exercise 8

空欄に必要なら the を、必要のない場合にはダッシュ（—）を入れなさい。最初の答え2つは解答例です。

A wrestler often grabs his opponent by __the__ foot to knock him to the ground. I had to go to the office by __—__ foot yesterday because I had no money to pay for the train ticket.

1. Hideyuki led the little boy by _____ hand through the crowded street.

2. I will go with my friend to the train station in _____ morning.

3. The teacher grabbed the young boy by _____ ear when the boy disturbed the class.

4. Midori makes all her dresses by _____ hand.

5. Akira buys beer by _____ keg for his bar.

6. Hideo can't read music, but he plays the violin very well by _____ ear.

7. Yoshio was afraid the letter might get lost in the post office, so he took it by _____ hand to the bank.

8. Noriko doesn't feel well. She thinks she has _____ flu.

9. Many children suffer from _____ sniffles in winter.

10. The speeding truck missed the little boy by centimeters. He escaped injury by _____ skin of his teeth.

11. Osamu arrived at the office soaked to _____ skin. He had been caught in a heavy downpour.

12. Fear penetrated the hostages to _____ bone when the hijackers aimed guns at them.

13. Many people buy sugar by _____ kilo.

14. Many people are allergic to strawberries and get _____ hives when they eat them.

15. The little boy grabbed his sister by _____ hair to make her cry.

16. Chicken is usually sold in _____ 100-gram weights in Japan.

17. Mr. Tanaka often returns home from the office late at _____ night.

18. Haruko likes to take a walk in _____ afternoon.

19. Keiko works part-time in our office; so she is paid by _____ hour.

20. It is dangerous for adults to get _____ mumps, but that disease is not so serious among children.

21. Kazuto pays his rent by _____ month.

22. The little boy learned to sing the song by _____ heart.

23. The thief grabbed the man by _____ throat and demanded his money.

24. Taro usually goes to school on _____ foot.

25. _____ pale sun peeked out between the clouds.

(解答は 254 ページ)

STEP 3a-8　the + 単数名詞の慣用句

慣用句の中にも the が使われているものがたくさんあります。
これらは成句ですので、そのまま覚えてください。

on the other hand（他方では）

You had a hard time in Tokyo, but, on the other hand, you were able to learn from the experience.
(あなたは東京ではつらいことがあったけど、一方その経験から学ぶことができましたね)

under the table（酔いつぶれて、袖の下をつかって）

Many of their dealings are under the table.
(彼らのやる取引のほとんどは賄賂がらみだ)

under the weather（体の具合が悪い）

I don't think Mr. Tanaka will be in today. He is a bit under the weather.
(田中さんは今日は社にはいないでしょう。少し体の調子がわるいのです)

on the house（〈飲食物が経営者の〉おごりで、無料で）

These drinks are on the house.
(これらの飲み物は店のおごりです)

in the doghouse（面目 (立場) を失う）

He was in the doghouse because he was late for a very important business meeting.
(大切なビジネスミーティングに遅れ、彼は立場を失った)

SECTION 2

SECTION 3 無冠詞の普通名詞・単数形

単数形

▶ the

▶ 無冠詞

- 3a-9 不可算名詞
- 3a-10 限定詞（this、that、each など）がある場合
- 3a-11 所有格が使われている場合
- 3a-12 名詞が which、what、whose に続く場合
- 3a-13 「前置詞＋（無冠詞）名詞」の慣用句
- 3a-14 「the＋名詞」に続く名詞
- 3a-15 動名詞
- 3a-16 無冠詞の慣用表現
- 3a-17 重い病気

ここでは普通名詞が単数でありながら、冠詞をとらない場合をみていきます。いくつかのケースがありますが、その中でも最も頻出するケースは以下に挙げる3つです。

1 不可算名詞（sugar、furniture、fear、bravery、propaganda、chemistry など）の場合
2 限定詞（this、that、each、every、など）が名詞についている場合
3 所有格が名詞についている場合

SECTION 3

STEP 3a-9　不可算名詞は無冠詞

名詞には、数えられない名詞やまたは数えられない形になるものが少なくありません。以下が不可算名詞です。

- ◆物質名詞
- ◆集合名詞
- ◆「特性」や「性格」などを表す名詞
- ◆「感情」を表す名詞
- ◆「活動」、「行動」、「行為」を表す名詞
- ◆自然および人的な「作用」を表す名詞
- ◆「総称」的意味をもつ名詞
- ◆学問の名称

一般に、数えられない名詞には不定冠詞 a はつきません。また数えられないため、それ自身が複数形に変化することはありません。しかし文脈によっては、the を必要とする場合があります。

ここでは上記のそれぞれのタイプの名詞についてより詳しく説明しますが、本書では、同じ不可算名詞である集合名詞と物質名詞ではどのように異なるのかといった説明には紙面を割いて

いません。大切なことは不可算名詞や名詞が不可算的に用いられている場合に冠詞をどのように決定していくのかということにあります。名詞によっては加算、不可算の両方に使われるものもあり、注意を要する問題です。以下に個々のケースを見ていきます。

■ 物質名詞

次の名詞を見てください。

water	snow	butter	grass
nitrogen	sand	tea	coal
skin	juice	coffee	air
dust	oil	corn	

物質名詞とよばれるこれらの名詞は、数えることができないため、単位に基づいて計量されます。

a glass of water （コップ1杯の水）
a drop of water （1滴の水）
a bucket of sand （バケツ1杯の砂）
a grain of sand （1粒の砂）
a cup of coffee （カップ1杯のコーヒー）
a pot of coffee （ポット1杯のコーヒー）

冠詞 a は物質名詞には使いませんが、the は既出や限定を示す場合に必要となります。

無冠詞

There was **water** all over the floor when Mrs. Ogawa came home.

（小川さんが帰宅したときには、床一面が水びたしになっていた）

既出

Her favorite rug was soaked by **the water**.
(彼女の好きな敷物がその水でびっしょりぬれてしまった)

限定

The water in that lake is very dirty.
(その湖の水はとても汚れている)

液体や気体のほとんどは物質名詞です。砂糖など固形のものでも緑茶や紅茶用の葉でも無数の小さな部分から成り立っているため物質名詞です。

Exercise 9

下の語の中の物質名詞に○をつけなさい。最初の答え2つは解答例です。

(milk)　　(oxygen)　　1. shoe

2. rice　　3. nitrogen　　4. corn

5. flour　　6. desk　　7. cream

8. broom　　9. wheat　　10. tree

(解答は 254 ページ)

パンやレタスといった名詞は、数えられますが物質名詞です。これらは判断の難しい単語ですが、ほかにもこうした語がありますので注意が必要です。ふつうはこうした語の前には単位を表す言葉が使われます。

> a loaf / a slice of bread （パン1個/ひと切れ）
> a head of lettuce （レタス1個）

日常会話では、物質名詞に a を使う人もいます。

> Would you like **a beer**? （ビールはいかがですか？）

とはいえ、以下のほうがより好ましい言い方です。

> Would you like **a glass of beer?**
> **a bottle of beer?**
> **some beer?**

物質名詞の量について言う場合、特に液体や空気では a little や little が使われます。a little は「少しある」とあることにポイントがおかれ little は「ほとんどない」とないことにポイントがおかれます。

> There is **little water** in that lake.
> （その湖には水がほとんどありません）

> There is **little oxygen** in the submarine; therefore the sailors will soon die.
> （その潜水艦には、酸素がほとんど残っていません。そのため乗組員はまもなく死んでしまうでしょう）

> There is **a little coffee** left in the pot—not much, but you are welcome to it.
> （ポットには少ししかコーヒーが残ってないけど、どうぞご遠慮なく）

There is **a little oxygen** in the tank—enough for a short dive.
(タンクには酸素が少し残っている。短い間の潜水ならば十分)

また、物質名詞として、また可算名詞として使われる名詞もあります。

He has black **hair**.
彼は黒い髪をしている。(集合名詞:彼の頭髪全体)

He has a black hair. と言うと、彼の頭には毛が1本しか生えていないことになり、おかしな話になってしまいます。髪の毛1本を話題にするときは、次のように言います。

There is **a hair** in my soup.
スープに髪の毛が1本入っている。(可算名詞:1本の髪の毛)

Midori has beautiful **skin**.
みどりは肌がきれいだ。(物質名詞:彼女の肌全体)

We bought **a fox skin** from the hunter.
私たちは猟師からキツネの皮1枚を買った。(可算名詞:猟師がキツネの体から剥いだ皮)

野菜は切り刻まれたり、すりつぶされたりすると物質名詞となります。ふつうじゃがいもは可算名詞ですが、マッシュにされたりすると数えられない名詞に変わってしまいます。

Mrs.Takahashi put **a potato** on her husband's plate.
(高橋さんは夫の皿にじゃがいもを丸ごと1つ置いた)

Mrs.Takahashi put **a spoonful of potatoes** on her husband's plate.
(高橋さんは夫の皿に《マッシュあるいはカットした》じゃがいもをひとさじ入れた)

では、次の文を見てみましょう。

> Could I have **a little water**?
> (少し水をいただけますか？)
>
> Would you like **a little more beer**?
> (もう少しビールをいかが？)
>
> Yes, I'd like **a bit more beer**.
> (ええ、もう少しいただきます)
>
> Please step back and give the woman **a little air**. Can't you see she has fainted?
> (ちょっと下がってその女性に少し場所を空けてあげてください。気を失っているじゃありませんか)

冠詞 a は little や bit more を伴って、物質名詞の前に置かれることがあります。この場合の little は「少量の」という意味です。

特に定まった量を表現しない場合は、some を使います。多くの量を表現する場合、ふつう lots of や a lot of を使います。

some

> Please give the child **some milk**.
> (子供にミルクを少しやってください)
>
> There was **some sand** in my bed.
> (ベッドに砂がちょっと入ってた)

lots/a lot

> We bought **lots of beer** for the party.
> (パーティーのためにビールをどっさり買った)
>
> Children like to eat **a lot of sugar**.
> (子供は甘いものをたくさん食べたがる)

■ 集合名詞

次の名詞を見てください。

furniture　　food　　　　cutlery　　　　poultry
music　　　jewelry　　　machinery　　　scenery
medicine

これらの名詞は集合名詞とよばれるものです。集合名詞とは同一種類に属する個人または個々の物から成る集合を指す名詞です。

furniture (家具類)：chairs、tables、sofas など
poultry (食用の鳥類)：chickens、ducks、geese など
machinery (機械類/装置)：sewing machines、
　　　　　　　　　　　　power drills、lathes など
food (食べ物)：vegetables、meat、eggs など
scenery (風景)：trees、people、houses、lakes など
cutlery (ナイフ・フォーク類)：knives、forks、spoons など
jewelry (宝石類)：necklaces、bracelets、earrings など
medicine (薬品)：aspirin、penicillin、cough
　　　　　　　　　syrup など

注意を要するのは、集合名詞のなかには1つにまとまったイメージをもつ family、team、army、gang などといった語があり、これらはその構成員が複数であるにもかかわらず単数のように扱い、three families、five teams のように複数形にすることができます。

通常集合名詞に直接冠詞 a はつきませんが、その語のもついくつかの属性のうちの1つについて言及している場合は、a がつきます。

A peach is **a juicy fruit**. (桃は果汁たっぷりのくだものです)

Liver is **a healthy food**. (レバーは健康に良い食べ物です)

通常では、fruit も food も集合名詞ですから冠詞 a はつきません。このような使い方はすべての集合名詞に可能なわけではありません。

a piece of を使って、集合名詞を単位ごとに切り離して言うことができます。

Would you like **a piece of fruit**?
(果物を少し食べますか)

Midori dropped **a piece of cutlery** on the floor.
(みどりはカトラリー《ナイフ・フォーク・スプーンなど》を1本床に落とした)

The composer played **his favorite piece of music**.
(作曲家は自分の好きな曲を1曲演奏した)

複数形では次のようになります。

Several **pieces of fruit** fell out of the basket.
(果物がいくつか、かごから落ちた)

She lost **three pieces of cutlery** from her new set.
(彼女は新しい食器セットからカトラリー《ナイフ・フォーク・スプーンなど》を3本なくした)

The orchestra played **several pieces of modern classical music**.
(オーケストラはモダンクラシック音楽を何曲か演奏した)

piece は生きている動物（たとえば、家畜や家禽）には使えません。また、風景、薬品類、食品などにも使えません。機械類にも使えませんが、**a piece of equipment** とは言えます。

量を表す場合、集合名詞では、物質名詞と同じく「少量」では a bit of、a little を用います。「ある程度の量」では、some を「大量」では、a lot of や lots of、plenty of を使います。

> Would you like to listen to **a little music**?
> (音楽をちょっとお聴きになりますか)
>
> His teenage daughter plays **lots of loud music**.
> (彼の10代の娘は騒々しい曲をよくかける)

ところで little (ほとんどない) と a little (少しある) では否定的にとらえるか、肯定的にとらえるかといった意味の違いがありますので注意が必要です。

> There's **little water** in the Sahara Desert.
> (サハラ砂漠には水がほとんどありません)
>
> We usually eat **a little fruit** in the morning.
> (私たちは朝食にいつも、果物を少し食べます)

> Hideyuki: Won't you have **a little beer**?
> Midori: No thank you, I have **little tolerance** for alcohol.

秀之： ビールでも少し飲むかい？
みどり： いいえ、私お酒はほとんど飲まないんです。

ふつう、集合名詞では冠詞 a を使いません。限定するときは集合名詞でも他の名詞同様、the または this、her、Tom's などの限定詞や所有格を使います。

> **The office furniture** is very old.
> (その事務所の備品はひどく古い)
>
> We stored **our furniture** in my father's garage.
> (私たちは、家具を父のガレージにしまった)

限定しない場合は、冠詞は使いません。

Furniture is expensive these days.
(家具は最近、高価だ)

Mr. Nakamura raises **poultry** on his farm.
(中村さんは農場で家禽類を育てている)

Noriko likes to wear **expensive** jewelry.
(紀子は高価な宝石を身につけるのが好きだ)

Food is a necessity of life. (食べ物は生命に欠かせない)

これらの語は集合名詞ですから複数形はありません。従って、many furnitures とはできませんので、次のようにいいます。

He has **a lot of furniture**. (彼は家具をたくさん持っている)

She has **a great deal of jewelry**.
(彼女は宝石類をたくさん持っている)

horses、dogs、cats などの総称である animal という名詞は集合名詞のように思えますが、animals という複数形を持つので、集合名詞ではありません。

There are many **animals** in the game park.
(自然動物公園に行くと、たくさんの動物がいる)

I saw **a** strange **animal** on the road. (道で奇妙な動物を見た)

「動物」という単語は可算名詞ですが、動物をカテゴリーで分類した次の語は集合名詞となりますので、数えることはできません。

fauna ——all animals (一地域、一時代の動物群)

livestock ——farm animals (家畜)

wildlife ——wild animals (野生動物)

poultry ——domesticated birds (家畜類)

Exercise 10

以下の単語の中から集合名詞を選び丸で囲みなさい。最初の1つは解答例です。

(stationery)   1. mammal   2. dwelling
3. jewelry   4. baggage   5. forest
6. cutlery   7. animals   8. people
9. clothing   10. plant   11. scenery
12. suitcase   13. luggage   14. medicine
15. pill

（解答は 254 ページ）

食肉はふつう、集合名詞として扱われます。物質名詞と考えられる肉類もありますが、どちらにしても冠詞 a を使うことはありません。

pork   veal   beef   bacon

動物の名前そのものがその肉を指すこともあります。

chicken   rabbit   duck   fish

こういったケースでは、肉類を意味する場合は冠詞 a は使いませんが、動物を意味するときには a を使います。

We had **chicken** for supper yesterday.
（ゆうべ、夕食にチキンを食べた）

I saw **a chicken** on the road.
(道でニワトリを見かけた)

食用となった肉がまだ動物の姿かたちをとどめている場合には、冠詞 a をつけることができます。

Mrs. Ogawa bought **a chicken** at the market.
(小川さんは市場で鶏肉を買った)

I ate **a large fish** for lunch.
(ランチに大きな魚を丸ごと食べた)

肉が切られて、すでに動物としての姿かたちを失っている場合は、冠詞 a は使えません。

Mrs. Takahashi is roasting **a chicken** for dinner.
高橋さんは夕食のためにチキンを焼いています。(チキンは丸ごと1羽のままです)

Mrs. Takahashi cooked **chicken** for dinner yesterday.
高橋さんは夕べ、夕食に鶏肉を焼きました。(焼き鳥のような、カットされた鶏肉)

Mrs. Takahashi bought 300 grams of **chicken** yesterday.
高橋さんはきのう、300グラムの鶏肉を買った。(カットされた肉)

Mrs. Takahashi bought **some chicken** yesterday.
高橋さんはきのう、鶏肉を買った。(量はどれくらいか分からない)

Mrs. Takahashi bought **some chickens** yesterday.
高橋さんはきのう、鶏肉を買った。(丸ごとの鶏肉を何羽か)

Exercise 11

下の文章で下線の部分が正しい場合は単語の上に C を、誤っている場合は解答例にならって正しい答えを書きなさい。最初の文は解答例です。

The farmer has ~~many livestocks~~ *a lot of livestock*.

1. <u>A cutlery</u> was put on the table.
2. I saw <u>an unusual animal</u> at the zoo.
3. We moved <u>our</u> <u>furnitures</u> to my father's house.
4. I like to look at <u>a scenery</u>.
5. Do you like <u>a music</u>?
6. Mr. Nakayama's wife has <u>expensive jewelry</u>.
7. The doctor gave me <u>a medicine</u>.
8. The old lady gave her grandson <u>some fruits</u>.
9. Do you have <u>baggages</u> with you?
10. I thought I saw <u>an animal</u> near the garden.
11. My company purchased <u>a new equipment</u> yesterday.
12. Does Sony have <u>machinery</u> to produce their own circuit boards?

（解答は 254 ページ）

Exercise 12

空欄に a または the を入れなさい。冠詞が必要ない場合はダッシュ (—) を入れなさい。最初の答えは解答例です。

MRS. OGAWA'S DINNER PARTY

Midori was busy in the kitchen preparing __—__ food for her dinner party. She had bought nearly a kilo of (1) _____ chicken to make yakitori. She had also purchased (2) _____ beef, (3) _____ pork and (4) _____ large fish. She planned to bake (5) _____ whole fish. The stove was covered with pots and pans. In one pot (6) _____ rice was being steamed. (7) _____ hot water was boiling in a second pot, and (8) _____ chicken was frying in a skillet.

When Hideyuki entered the room, Midori was chopping up a head of (9) _____ lettuce for a salad.

"You look very busy," he said.

"I am," she said. "I must get (10) _____ food ready for our guests. They will be arriving soon."

"Can I do anything to help?" Hideyuki asked.

"You can check to see if we have enough (11) _____ beer, (12) _____ wine, (13) _____ *sake* and (14) _____ whiskey for our guests."

"Do you really think we need (15) _____ wine?" Hideyuki asked.

"Perhaps not, (16) _____ wine is expensive," Midori said. "But we do need (17) _____ beer, (18) _____ *sake* and (19) _____ whiskey."

"Mr. Takahashi likes to drink (20) _____ lot of beer," added Hideyuki.

"And we need (21) _____ lots of *sake* for Mrs. Yasuda. I think I'd better buy (22) _____ some more beer and (23) _____ *sake*. I think we have enough whiskey."

"You had better go to the store now to buy (24) _____ liquor," Midori said. "The weatherman predicts that we will have (25) _____ rain this evening. You don't want to get wet, do you?"

(Later)

"Welcome to our home," Midori said to her guests as they sat around (26) _____ table. "Please eat. Have (27) _____ some rice and (28) _____ chicken. And please take (29) _____ piece of fish. We also have (30) _____ beef, (31) _____ pork, (32) _____ bread and (33) _____ soup. Help yourselves."

"Yes, and we have (34) _____ lot of beer and (35) _____ plenty of *sake*. Please give me your glasses. Would you like (36) _____ some *sake*?" Hideyuki asked Mrs. Yasuda.

"Oh, yes, I wouldn't mind (37) _____ little *sake*, thank you," she said. "It really is nice to drink *sake* when (38) _____ weather is so terrible. There was (39) _____ lot of rain this evening. And (40) _____ wind was very strong too."

Mrs. Yasuda swallowed (41) _____ *sake* quickly as she spoke, and Hideyuki refilled her cup with (42) _____ more *sake*. "Thank you, thank you," She said and quickly drained her cup again. "Just (43) _____ bit more *sake*," she said as Hideyuki was about to put the bottle down.

Meanwhile Mr. Takahashi was gulping (44) _____ his beer as he told Mr. Yasuda about his recent operation. "The doctors had to give me several liters of (45) _____ blood," he said.

"Oh, let's talk about something more pleasant than (46) _____ blood," said Mrs. Takahashi.

"Yes, enjoy (47) _____ *sake* and (48) _____ beer and (49) _____ food," added Mrs. Yasuda as she poured herself another cup of (50) _____ *sake*

(解答は254ページ)

■ 特性や性格を表す名詞

以下の語を見てください。

ignorance　　bravery　　timidity　　wisdom
defiance　　　modesty　　courage　　shyness
cowardliness

これらの名詞は人の特性や性格、性癖などを表すものです。通常こういった単語には冠詞 a はつけません。

Ignorance is no excuse for breaking the law.
(知らなかったからというのは、法を破った言い訳にならない)

We look to our leaders for **wisdom**.
(私たちは、リーダーの知恵に期待している)

Defiance is a trait shared by many people.
(反抗心は多くの人が持っている性向である)

それが誰かの性格や特性である場合、the あるいは所有格でそれを示すことができます。

The ignorance he displayed at the meeting was astounding.
(彼が会議で見せた無知ぶりは驚くべきものだった)

His wisdom was sought by many.
(彼の知恵こそ多くの人に求められている)

The army officers would not tolerate **the soldier's defiance**.
(将校は兵士の反抗を許そうとはしなかった)

程度や度合いを示すには、物質名詞と同様、little、a little、some、a great deal of、much、great、a lot of などが使えます。

It took **a great deal of courage** to kill that huge snake.
(あの巨大なヘビを殺すのには非常な勇気が必要だった)

He showed **some defiance** by not bowing to the army general.
(司令官に礼をしないことで、彼は反抗的なところを見せた)

He exhibited **great cowardliness** in the battle field.
(彼は戦場でひどく臆病なところを露わにした)

■「感情」を表す名詞

以下の語を見てください。

happiness	laughter	jealousy
fear	cheerfulness	sadness
grief	sorrow	anger

これらの名詞は、人の感情や気持ちを表現する名詞です。通常冠詞 a はつけません。

Sadness filled the room when news of the president's assassination was heard.
(首相暗殺の報が入ってきたとき、悲しみが部屋を満たした)

Laughter could be heard outside the room.
(部屋の外にいても笑い声が聞こえた)

Fear entered the passengers' hearts as two hijackers took over the plane.
(2人のハイジャック犯によって飛行機が乗っ取られたとき、乗客たちの胸は恐怖でいっぱいだった)

第三者の感情である場合、限定を表す the や所有格が使えます。

He could not describe **the fear** he felt.
(彼は自分の体験したその恐怖を言葉では説明できなかった)

The mother's grief for her dead child was so strong that everyone was affected by it.
(子供をなくした母親の悲しみはあまりに大きかったので、誰もが彼女の悲しみに心を動かされた)

The child's cheerfulness brightened the room.
(その子の元気のよさが部屋を明るくした)

感情の度合いは、a little、little、some、lots、a lot of、much、a great deal of などで表すことができます。

He showed **little fear** when the poisonous snake crawled over his leg.
(彼は脚を毒ヘビが這ってきたとき、ほとんど恐がったようすを見せなかった)

The silence was followed by **a lot of laughter**.
(沈黙の後で爆笑が起こった)

He accepted the award with **a great deal of modesty**.
(彼はその賞をおごそかに受け取った)

■ 活動・行動・行為を表す名詞

以下の語を見てください。

golf	soccer	baseball	tennis
basketball	fishing	reading	play
knitting	acrobatics	work	

これらの名詞は人々が行う活動や行為などを表しています。通常、冠詞 a はつけません。

Many businessmen play **golf**.
(多くのビジネスマンがゴルフをやっている)

My father went **fishing**.
(父は釣りに出かけた)

All **work** and no play makes Jack a dull boy.
(よく学びよく遊べ)

こういった名詞の意味は1つだけでない場合もあります。たとえば baseball という語は、競技（活動）を指すこともあるし、試合で使われるボールのことを言う場合もあります。競技を指す場合は、game という語が一緒に使われている場合を除いて冠詞 a はつけません。「物」としてのボールを指す場合は、冠詞 a をつけます。

I like to play **baseball**.
僕は野球をするのが好きだ。（競技、つまり活動）

I went to **a baseball game** yesterday.
昨日野球を見に行った。（ある1つの試合）

My brother threw **a baseball** to me.
弟は私に向かって野球のボールを投げた。（「物」としてのボール）

いくつかの意味を同時に持つ言葉の例としては他に、play があります。名詞として「遊び」という活動を指すこともありますし、「芝居」を指すこともあります。活動を意味する場合はふつう、冠詞 a をつけませんが、芝居の場合は冠詞 a を使います。

Midori: Why is that child crying?
Hideyuki: Little Tsuneo hit her with a ball. He didn't mean to hurt her. It was done in **play**.

みどり： あの子はどうして泣いてるの？
秀之： 恒夫ちゃんにボールをぶつけられたんだ。恒夫ちゃんもわざとやったんじゃないんだよ。遊んでてやっちゃったんだ。

Hideyuki: Are you enjoying this game of *Go*? It's a very popular Japanese game.
Jim: Yes, it's fun. Is it my **play** now?
Hideyuki: Yes, it's your turn.

秀之： 碁はおもしろいかい。日本ですごく人気のあるゲームなんだけど。
ジム： うん、おもしろいよ。こんどは僕がやっていいんだっけ？
秀之： ああ、きみの番だよ。

Hideyuki: Have you seen "Amadeus"? It's **a very good play** about Mozart.
Kenji: No, I haven't. But I did see **a play** in New York which I enjoyed very much. It was **a very serious play**.

秀之： 『アマデウス』を観た？ モーツァルトについての、とてもおもしろい芝居だよ。
憲二： いいや、観てない。でもニューヨークである芝居を観てね、それはすごくおもしろかった、とても真面目な内容だったけどね。

ある特定のスポーツの試合について話すときはふつう、game という語をそのスポーツ名の後につけます。具体的なあれこれの試合や競技（game or match）でなくても、a を使うことができます。

I went to **a baseball game** last week.
（先週野球の試合を見に行った）

Is there **a tennis match** on TV tonight?
（今夜、テレビでテニスの試合の放映はありますか）

Would you like to go to **a sumo wrestling match**?
（相撲を観に行きたいですか）

game という語はふつう団体競技に使います。

    a soccer game、a baseball game、a basketball game、a hockey game、a volleyball game、a football game

match という言葉は、競い合うプレーヤーが2人だけのときに使います。

    a tennis match, a wrestling match, a boxing match
    (テニスのダブルスのように、選手が4人の場合に使うこともあります)

ゴルフは団体競技ではありませんが、ふつう game と呼びます。

スキー、スケート、陸上などといった大勢の個人が競い合うスポーツは、ふつう event と呼びます。

    a skiing event、a track event、a skating event

スポーツをどれくらい (の頻度で) するかを示したいときは、a little や some、a lot of、a great deal of、much といった語を使うことができます。

Midori likes to play **a little golf** to keep in shape.
(みどりはスタイルを保つため少しばかりゴルフをやるのが好きだ)

Would you like to play **some basketball**?
(バスケットボールをちょっとやりませんか)

My brother plays **a lot of tennis**.
(兄はすごくテニスをやる)

He has little time for his job because he plays **too much tennis**.
(あまりテニスをやるものだから、彼は仕事をする時間がほとんどない)

Hideo watches **a great deal of soccer** on television.
(秀雄はテレビでサッカーをたくさん見ます)

■ 自然や人的な力・作用を表す名詞

次の語を見てください。

thunder	lightning	light
snow	rain	peace
war	progress	luck

これらの語は、人々の暮らしに作用を及ぼしたり、影響を与えたりする自然現象や人間のもたらす現象です。通常こうした語には冠詞 a はつけません。

I heard **thunder** last night.
(昨夜、私は雷鳴を聞いた)

The two warring nations finally made **peace**.
(戦闘状態にあった両国はついに和解した)

There is **light** at the end of the tunnel.
(トンネルの向こうに光が見える)

That is the cost of **progress**.
(それが進歩の代償というものだ)

Snow began to fall at 8 o'clock.
(8時に雪が降り始めた)

しかしときには、冠詞 a がつく場合があります。それは他の語と結びついて数えることのできるイメージをもつ場合、および a light snow などのように形容詞で修飾されることで、本来数えることのできない 物質名詞 snow が限定されてひとつのまとまったイメージをもつようになるからです。

I was startled by **a large thunder clap**.
(雷の大きな音にぎょっとした)

A lightning bolt struck the tree next to my house.
(雷が私の家の隣の木に落ちた)

A light snow covered the ground as we went to church.
(私たちが教会に出かけたとき、地面を雪がうっすらとおおっていた)

A heavy rain soaked us to the skin.
(激しい雨でわれわれはびしょぬれになった)

We were unable to visit that country because **a war** had erupted there.
(戦争が勃発したため、われわれはその国に旅行できなくなった)

After much negotiation, **a fragile peace** was reached.
(交渉に交渉を重ねたあげく、すれすれの均衡状態で和解をみた)

その力の程度を表したいときはふつう、a little、some、much、a lot of、a great deal of といった言葉を使います。

There was **lots of thunder** last night.
(昨夜は雷がすごかった)

I think we will have **some snow** tomorrow.
(明日は雪がいくらか降ると思うよ)

There was so **much rain** in Nagasaki that most of the city was flooded.
(長崎では豪雨があったため、市のほとんどが洪水に見舞われた)

He hopes to have **a lot of luck** at the races.
(レースで多くの幸運に恵まれますようにと彼は願っている)

We have made **very little progress** on that project.
(われわれのそのプロジェクトはほとんど進行していない)

peace、war、darkness といった言葉は、本来既にそのままで、それぞれがもつ意味の全容を表しているわけですから A lot of peace、a great deal of war、some darkness といった言い方はできませんが、しかしpeace やwar などには、次のように修飾語を用いることが可能です。

I would like **some peace** and quiet.
(少しの平安と静寂がほしい)

They fought **a little war** on the edge of the desert.
(彼らは砂漠の端でちょっとした戦闘をした)

lightという語は、1つの光といった意味でも用いるため例外的です。

I saw **a light** on in your room late last night.
(昨夜遅く、君の部屋に明かりが見えたよ)

light は、daylight（夜明け）という意味でも使うことができます。

It was **light** when we left the party.
(われわれがパーティーを後にしたときには、もう夜は明けていた)

では、次の文を見てください。

There was **a light** at the end of the tunnel.
(トンネルの向こうに光が見えた)

There was **light** at the end of the tunnel.
(トンネルの向こうに光が見えた)

最初の文では、光源は1つ、おそらく懐中電灯かランプの類です。2番目の light は、自然の光源を意味しています。

Exercise 13

空欄に適切な語を入れて文章を完成させなさい。ただし必要ない場合にはダッシュ（―）を書き入れなさい。最初の答え2つは解答例です。

Hideyuki took his client, Mr. Suzuki, to __a__ baseball game last week. Hideyuki likes __―__ baseball very much.

At first he had (1) _____ some fear that his client might not like to go to (2) _____ baseball game. But Mr. Suzuki assured him he enjoyed (3) _____ baseball very much.

Just before (4) _____ game started, they heard (5) _____ thunder. Soon after that they saw (6) _____ flash of lightning. They expected (7) _____ rain to start falling at any moment. But soon (8) _____ thunder stopped and they saw (9) _____ no more lightning. They no longer had (10) _____ any fear that (11) _____ game would be postponed.

As the players came onto the field, they were greeted with (12) _____ applause. The fans were so happy (13) _____ storm had passed over that (14) _____ their applause was stronger than usual.

"I like (15) _____ baseball very much," Hideyuki said to Mr. Suzuki. "Do you like (16) _____ sport as well?"

82　無冠詞の普通名詞・単数形

"I like to watch (17) _____ good baseball game," replied Mr. Suzuki, "but I don't like to play it. I prefer to play (18) _____ tennis or (19) _____ golf."

"Do you play (20) _____ lot of tennis?" Hideyuki asked.

"No," Mr. Suzuki replied, "I don't have (21) _____ enough time to play (22) _____ lots of tennis. And I have even (23) _____ less time to play (24) _____ golf."

"I…" Hideyuki began to say, but he was interrupted by the announcement of the lineup of players.

(25) _____ first player hit (26) _____ ball into (27) _____ right field and was forced out. (28) _____ second player hit (29) _____ ball into the stands where Hideyuki and (30) _____ client were sitting. In fact, Hideyuki nearly caught (31) _____ ball, but (32) _____ young boy behind him managed to grab it instead. (33) _____ luck was not with Hideyuki that time.

As (34) _____ baseball (35) _____ game progressed, Hideyuki and his client became very excited. In (36) _____ ninth inning, the score was tied. (37) _____ excitement filled (38) _____ air. Nearly everyone was on his feet.

(39) _____ game continued for two more innings with (40) _____ score tied. (41) _____ excitement continued to grow. Hideyuki became so excited that

he forgot about his client. Then in (42) _____ first half of the eleventh inning, a member of (43) _____ opposing team hit a home run. By (44) _____ end of (45) _____ inning, Hideyuki's favorite team had lost. His excitement gave way to (46) _____ sadness. (47) _____ game was over.

"Oh well," Hideyuki said to Mr. Suzuki, "it was (48) _____ good game even if our team lost."

"Yes, I enjoyed it too. Thanks very much for inviting me."

"Oh, you're welcome," Hideyuki replied. "Perhaps next time we can go to (49) _____ tennis (50) _____ match."

"Yes, I'd like that, " said Mr. Suzuki.

(解答は 255 ページ)

■「総称」的意味をもつ名詞

以下の名詞を見てください。

mankind	society	industry
labor	crime	propaganda
business	nature	disease
agriculture	management	technology

これらの名詞は単数でありながら、多数の人間や人間の営みなどを総称的に表しています。通常これらには冠詞 a はつきません。

Mankind has always faced the problems of **famine, war, disease** and **brutality**.
(人類は飢饉、戦争、病、蛮行といった問題に常に直面してきた)

Propaganda flourishes in war time.
(戦時中は、プロパガンダが流行した)

Agriculture is the mainstay of many poor countries.
(多くの貧しい国々は農業の力に頼っている)

Management and labor finally reached an agreement to end the strike.
(経営側と労働側はストライキを終わらせるための同意にやっとのことでこぎつけた)

Nature has its own way to combat pollution.
(自然は汚染と闘う独自の術を持っている)

Technology advances greatly year by year.
(技術は年々、著しく進歩する)

総称を表す名詞でも内容によっては量的に、つまり数えられる名詞として使えます。

Business is bad right now.
ビジネスの調子は現時点では良くない。(総称的：一般的な意味としてのビジネス)

My brother started **a business** last year.
兄は昨年、事業を始めた。(量的：1つのビジネス)

Society doesn't condone murder.
社会は殺人を大目に見たりしない。(総称的：一般的な意味としての社会)

In **a society** such as Samoa, it is acceptable to have more than one wife.
サモアのような社会では、妻を2人以上持つことが許容されている。(量的：1つの社会)

Disease seriously affects many parts of Africa.
アフリカの多くの地域に、深刻な状態で病気が流行している。(総称的：一般的な意味としての病気)

Smallpox is **a serious disease**.
天然痘は深刻な病気だ。(量的：具体的なある1つの病気)

Famine often occurs as a result of a drought.
飢饉はしばしば干ばつの結果として起こる。(総称的：一般的な意味での飢饉)

The eastern part of Bangladesh suffered **a serious famine** last year.
バングラデシュの東部は昨年、深刻な飢饉に悩まされた。(量的：具体的な 飢饉)

「総称」を示す名詞の中には量的な概念を全く持ち得ないものがあり、ひたすら総称性のみを表すものがあります。以下がその例です。

propaganda　　　mankind　　　nature

これらの語においても、何らかの限定を受けて「特定」なものになった場合は、the がつくことになります。しかし、**mankind** だけは例外でいかなる制限も受けず、従って**無冠詞**となります。これは、意味の上から限定や条件をつけることが不可能だからです。

The propaganda of that country is viciously anti-American.
(その国のプロパガンダは、徹底した反米だ)

The technology of Japan is very advanced.
(日本の技術は非常に進歩している)

The agriculture of Kenya is more mechanized than **the agriculture** of Tanzania.
(ケニアの農業はタンザニアの農業よりも機械化されている)

The management of Fuji, Inc., faces serious labor problems.
(富士の経営陣は深刻な労働問題に直面している)

総称性を表す名詞であっても、他の名詞と一緒に使う場合は冠詞 a が使えます。

a propaganda war （プロパガンダ戦）

a business meeting （ビジネス・ミーティング）

an agriculture department （農業部門）

a technology breakthrough （技術革新）

a labor movement （労働運動）

いままでに挙げたもの以外にも、この種に属する名詞は数多くあります。そのほとんどが -tion で終わることに注意してください。

communication transportation production
information   education

Exercise 14

空欄に適切な冠詞を入れて文章を完成させなさい。必要ない場合にはダッシュ（―）を書き入れなさい。最初の答えは解答例です。

―― Industry in the United States suffered a serious setback in 1979. (1) _____ construction plummeted and sales dropped. (2) _____ unemployment reached new highs. By 1982, nearly 10% of (3) _____ national work force was unemployed.

(4) _____ production was down in every sector except (5) _____ agriculture. Many factories closed and millions of people were out of (6) _____ work.

(7) _____ Recession was nearly as bad as (8) _____ great depression of the 1930s.

　Despite these difficulties, some industries flourished. (9) _____ movie industry had one of its best years in 1982. (10) _____ management and (11) _____ labor reached new agreements that called for pay cuts in exchange for (12) _____ job security. (13) _____ new era had begun in (14) _____ American industry. (15) _____ U.S. society was facing (16) _____ new challenge.

(解答は 256 ページ)

■ 学問の名称

以下の単語を見てください。

chemistry	grammar	geography
archaeology	history	economics
botany	journalism	physics
science	poetry	sociology

これらの単語はさまざまな学問の名称です。通常冠詞 a はつきません。

My brother is studying **chemistry**.
(兄は化学を勉強している)

History was not my favorite subject in school.
(学生時代、歴史は好きな学科ではなかった)

Is your son studying **geography**?
(あなたの息子さんは地理を勉強しているんですか)

I enjoy good **poetry**.
(私は優れた詩が好きだ)

A newspaper hired him even though he had never studied **journalism**.
(ジャーナリズムを勉強したことがないのにもかかわらず新聞社は彼を雇い入れた)

SECTION 3

多くの学問、特に科学に関する学問の名称には最後に -logy がつきます。

biology	geology	psychology
physiology	sociology	zoology
ecology	entomology	archaeology

冠詞 a はしばしば、各分野の専門家を指すときに使います。

He is a (an) | **biologist**. (彼は生物学者です)
| **historian**. (歴史家です)
| **chemist**. (化学者です)
| **economist**. (経済学者です)
| **poet**. (詩人です)

学問の名称を表す語が名詞につくときは、a が使われることがよくあります。この場合、学問の名は形容詞となります。

I had **a** | history lesson. (歴史の授業を受けた)
| biology book. (生物学の本をもっていた)
| geology class. (地質学のクラスを取った)

I listened to **a** | psychology lecture. (心理学の講義に耳を傾けた)
| physics teacher. (物理学の先生に)
| poetry reading. (詩の朗読に)

学問全体ではなく、その学問のある局面や部分などを指すときは、a が使われることがあります。

> The university requires students to study **a foreign language**.
> その大学は学生が外国語を学ぶことを必須としている。(多くの中からの1つ)
>
> Biology is **a science**.
> 生物学は科学である。(多くの科学の中の1つ)
>
> James Brown wrote **a history** of the early Egyptian people.
> ジェームズ・ブラウンは初期エジプト文明の人々についての歴史を本にした。(そのテーマで書かれた多くの歴史書のうちの1冊)

文学や詩の種類は実にさまざまですが、a literature や a poetry などとは言わず、代わりに a piece of literature と言います(ただし a piece of poetry とは言いません、a poem という言い方があるからです)。a novel、a short story、a drama は可能です。

> **Literature** includes novels, poetry, and drama.
> (文学には、小説、詩、ドラマなどが含まれます)
>
> *Hamlet* is **a famous piece** of literature.
> (『ハムレット』は名高い文学です)
>
> Wordsworth wrote **a poem** about daffodils.
> (ワーズワースはラッパズイセンについての詩を書いた)

Exercise 15

空欄に適切な語を入れて文章を完成させなさい。必要ない場合にはダッシュ（―）を書き入れなさい。最初の答え2つは解答例です。

__―__ marine biology is the study of sea life.

He went to __a__ history lecture.

1. Physics is _____ difficult science for many people.

2. Do you like to read _____ poetry?

3. Can you speak _____ foreign language?

4. Osamu's major at the university was _____ biology.

5. A person who is an expert in chemistry is called _____ chemist.

6. *A Tale of Two Cities* is _____ famous _____ of literature.

7. I read _____ beautiful poem.

8. _____ Psychology was first made popular by Sigmund Freud.

（解答は 256 ページ）

STEP 3a-10　限定詞があれば無冠詞

名詞の前に置かれ、名詞に意味上の限定をあたえる語を「限定詞」といいますが、以下の 限定詞は名詞の単数形とともに使われる代表的なものです。限定詞が使われる場合は無冠詞となります。

this	that	any	every
each	some	either	neither
no	one	per	all

this と that は、話し手と話題にしている対象の物、動物、人、場所との距離を示します。this も that も the で代用できる場合がありますが、特に距離感の表現がポイントとなる場合、たとえば言及しているものが目前にあることを示唆する場合などは、the ではなく this を使うことで内容が明瞭に示されることになります。

話し手の近くにある場合

I want to buy **this book**. （私はこの本を買いたい）

This house is very old. （この家はとても古い）

Give **this apple** to Yukio. （このリンゴを由起夫にやりなさい）

話し手から遠い場合

That pig is very fat. （あの豚はとても太っている）

Could you hand me **that notebook**?
（あのノートを取ってくれますか）

Take **that box** downstairs.
（あの箱を階下に持って行きなさい）

以下の文では each が使われています。

Each apple should be wrapped in paper.
(リンゴは1つ1つが、紙で包まれなければならない)

Give **each boy** a piece of cake.
(少年たちにひと切れずつケーキをあげてください)

You must allow **each person** to make his or her own decision.
(各人に、自分で決めさせてあげなければいけません)

SECTION 3

これらの文で、each はグループの中での、個々の人や物を強調するために使われています。冠詞は不用です。では、次の文を見てください。

He goes home for lunch **every** day.
(彼は毎日、昼食を食べに家へ帰ってくる)

Every cow in that field is brown.
(あの原っぱにいる牛たちはみな、茶色をしている)

You must wash **every** glass on the table.
(テーブルの上のグラスを全部、洗わなければいけませんよ)

全てのものが含まれていることを言うために each を使います。ただひとつの例外もない、という意味です。each と every の意味の違いはきわめて小さいので、特に注意する必要はありません。

either では次のようになります。

Either boy can mail the letter for you.
(どちらかの少年があなたの手紙を投函できます)

You may use **either** desk.
(どちらかの机をお使いください)

You can stay in **either** room.
(どちらかの部屋にお泊まりになれます)

either は「A か B かどちらか一方」というように二者択一を表しますが、**対等な条件下にある同類の二者から選択するときは、名詞に冠詞はつけません。**

しかし、二者が異なる種類や範疇に属する場合は、**冠詞 the を either の後につけます**。the のついた最初の名詞の後に or が来て、その後にthe のついた2番目の名詞が続きます。

Either the boy or the girl can mail the letter for you.
その男の子か女の子のどちらかが、あなたの手紙を投函できます。(両方でなくどちらか1人)

You may have **either the apple or the orange**.
リンゴかオレンジか、どちらかを食べてもいいわよ。(両方でなくどちらか1つ)

You may use **either the car or the bicycle** to go to the store.
店に行くのに、車か自転車を使ってもいいですよ。(両方でなくどちらか一方)

either	冠詞	最初の名詞	or	冠詞	2番目の名詞
either	the	boy	or	the	girl

neither は「A も B も～ない」と選択される双方がともに否定される場合に用いますが、either の場合同様、**対等な条件下にある同類の二者から選択するときは、名詞に冠詞はつけません。**

Neither boy is free to mail the letter for you.
(どちらの男の子もあなたの手紙を投函できません)

Neither box is empty.
(どちらの箱も空っぽではありません)

Neither room is suitable for you.
(どちらの部屋もあなたにふさわしくありません)

二者が異なる種類や範疇に属する場合は、**冠詞 the を neither の後につけます**。the のついた最初の名詞の後に nor が来て、その後に the のついた2番目の名詞が続きます。

Neither the boy nor the girl is free to mail the letter for you.
(男の子にも女の子にも、あなたの手紙を投函する時間がありません)

Neither the box nor the chair is strong enough for you to stand on.
(箱も椅子も、あなたが上に立って平気なほど頑丈ではありません)

Neither the living room nor the dining room needs to be painted.
(居間もダイニングも、ペンキを塗る予定はありません)

any が「**どちらでもかまわない**」という意味で使われる場合は、無冠詞となります。

That job is very easy. **Any fool** can do it.
(その仕事はしごく簡単だ。どんな馬鹿だってできるとも)

Hideyuki: Which desk would you like?
Midori: I like all of them. **Any desk** will do.

秀之： どの机が好き？
みどり：みんな好き。どれでもいいわ。

Student: Who can vote in the upcoming general election?
Teacher: **Any person** who is qualified may vote.

生徒：今度の普通選挙で誰が投票できるでしょうか。
教師：資格がある人物なら、誰でもいいだろう。

単数名詞に some をつけて、人や物が重要でないことを示す場合があります。

Some lady came to see you today.
誰だか女の人が君に今日会いに来たよ。(彼女が誰かは知らない)

We went to **some office** in Shinjuku.
われわれは新宿にあるオフィスを訪ねた。(なんというオフィスだったか忘れた。それは重要ではない)

Some movie was playing on the television when I entered the room.
私が部屋に入ったとき、テレビで何かの映画をやっていた。(私はその映画には興味はなかった、ただテレビ画面に映画が映し出されていることに気づいただけだ)

some は複数名詞につくと「少数」、不可算名詞では「少量」を表します。

She put **some sugar** in her coffee.
(彼女はコーヒーに砂糖を少々入れた)

Hideyuki gave his wife **some money**.
(秀之は妻にいくらかの金を渡した)

Would you like **some more tea**?
(お茶をもう少しいかが?)

no を使う否定形では次のようになります。

There is **no bread** in the house.
(うちにはパンがない)

There is **no person** by that name living here.
(ここには、そういう名前の人は住んでいませんよ)

I'm very poor; I have **no money**.
(私はひどく貧乏だ。金が一銭もない)

上の文では、何かや、誰かが存在しないことを no を使って示しています。

no はまた強調に使うこともできます。

No lady goes into that bar.
(あのバーはちゃんとした女性の行くところじゃない)

No man would accept such insults.
(あんな侮辱に甘んじる人はいない)

No person in his right mind would swim in that dirty pond.
(あの汚い池で泳ぐなんて、正気の沙汰じゃない)

数字の「1」の意味で使う one は不定冠詞 a に置き換えられることがあります。a ではなく one が使われた場合、意味を強めていると思ってください。

There is only **one** egg in the refrigerator.
(冷蔵庫には卵がたったの1つしかはいってない)

One man grabbed my arms and the other two men grabbed my legs.
(1人の男が僕の両腕を、他の2人が足をつかんだ)

per という語は、単数名詞に無冠詞で使われ、each と同じ意味になります。per は each よりやわらかい感じをもち、ビジネスでは率や歩合などを指すときに使います。

She is paid ¥1,500 **per** hour.
(彼女は時給1500円です)

We have to pay ¥8,000 **per** person to see the show.
(そのショーを見るのに1人あたり8000円払わなくてはならない)

all が 冠詞の代わりに使われ、the entire (すっかり) の意味になることもあります。

She studied **all** night.
(彼女は夜通し勉強した)

He worked in the garden **all** day.
(彼は一日中庭仕事をした)

He was not in the office **the entire** week.
(彼は1週間通してオフィスにいなかった)

Exercise 16

以下の限定詞から適切なものを選び空欄に入れなさい。最初の答えは解答例です。

| this | that | either | neither | or | nor |
| any | some | each | every | no | |

___This___ boy sitting next to me is my younger brother. (1) _____ dog tied up outside belongs to my brother. He walks his dog in the park (2) _____ day. Sometimes my brother takes our cat for a walk too. (3) _____ the dog (4) _____ the cat is usually with him. Yesterday, however, (5) _____ animal was with him; they were both at home.

(6) _____ month my father gives (7) _____ animal a bath. (8) _____ the dog (9) _____ the cat likes to be given a bath, but they need to have baths all the same. (10) _____ person who tries to give (11) _____ animal a bath can expect to be bitten or scratched.

My father knows how to handle these animals, so he seldom receives (12) _____ scratches. (13) _____ animal would dare bite my father.

(解答は 256 ページ)

STEP 3a-11　　所有格が使われていれば無冠詞

人称代名詞の所有格（my、your、his、her、its、our など）、あるいは単数形の固有名詞の所有格（Jim's、Hideo's）が普通名詞とともに使われるときは、通常、冠詞をつける必要はありません。

■ 人称代名詞の所有格

My brother is visiting us.　（兄が私たちを訪ねて来ます）

How old is **your sister**?　（妹さんはいくつですか）

His house is not far from here.　（彼の家はここから遠くない）

Her eyes are blue.　（彼女の瞳はブルーです）

The dog hurt **its paw**.　（その犬は足を痛めた）

Their telephone is not working.　（彼らの電話は故障している）

Our car is parked over there.
（われわれの車はあちらに駐車してある）

■ 固有名詞の所有格

Jane's house is very small.
（ジェーンの家はとても小さい）

Henry's brother lives in Singapore.
（ヘンリーの弟はシンガポールに住んでいる）

Hideyuki's office is in the center of Tokyo.
（秀之のオフィスは東京の真ん中にある）

普通名詞が所有格として使われている場合は、所有格の前に冠詞をつける必要があります。

　　The man's hat　（その人の帽子）　　**A** man's hat　（ある人の帽子）

普通名詞の所有格が使われるときは冠詞の使い方にも、通常の冠詞ルールが当てはまります。

boy's bicycle/brother's bicycle （少年の自転車／弟の自転車）

既出

A boy left his bicycle in the middle of the road. A large truck came down the road and crushed **the boy's bicycle**.

（男の子が道の真ん中に自転車を置いた。大きなトラックが走ってきてその自転車をつぶした）

限定

We pushed **the boy's bicycle** out of the way so we could enter the building.

（私たちはその男の子の自転車を脇にどけて、建物の中に入った）

限定詞

That boy's bicycle is very old.

（あの男の子の自転車はとても古い）

所有格

His brother's bicycle is very rusty.

（彼のお兄さんの自転車は、すっかりさびついている）

John's brother's bicycle is very rusty.

（ジョンのお兄さんの自転車は、すっかりさびついている）

不特定（複数のうちの1つ）

A boy's bicycle was lying on the grass.

（男の子の自転車が1台芝生の上に横倒しになっていた）

Exercise 17

空欄に適切な人称代名詞や固有名詞の所有格、また必要があれば冠詞を入れなさい。最初の答え2つは解答例です。

SECTION 3

One day when Hideyuki was going to __his__ office, there was a tremendous windstorm. (Hideyuki) __Hideyuki's__ hat was blown off (1) _____ head, and he had to chase it for several hundred meters. (2) (old lady) _____ umbrella was blown from (3) _____ hands. A young mother could barely hold on to (4) _____ child. (5) (small boy) _____ book flew into the river. Two girls were chasing after (6) _____ ball. Hideyuki grabbed (7) (girls) _____ ball as it flew by and gave it to them. (8) (old man) _____ cane was torn out of (9) _____ hands by the wind, and he fell. Hideyuki helped the old man get to (10) _____ feet. Then Hideyuki picked up (11) (old man) _____ cane and handed it to him. Finally Hideyuki arrived at (12) _____ office. He was glad to be out of the wind. In (13) (Hideyuki) _____ office, (14) (secretary) _____ desk is near the door. The desks of the other secretaries are in the middle of the room.

In the next room are (15) (bookkeeper) _____ desk and lockers for (16) (employees) _____ coats. (17) (Hideyuki) _____ office is on the right and

(18) (manager) _____ office is on the left. Several clerks have (19) _____ desks in the room behind the bookkeeper. At lunchtime the employees eat (20) _____ lunches in the conference room. They are careful to keep the room clean because they don't want to experience (21) (manager) _____ anger.

(解答は 257 ページ)

人間や動物が「所有者」である場合は、's で所有格であることを表しますが、物や場所への帰属を表す場合は、of が用いられます。

The door **of the** room was open.
(その部屋のドアは開いている)

The room's door was open. ［誤］

2番目の文は、あくまでも The door of the room としなければなりません。時折 The room of the door としている学生を見うけますので語順に注意してください。

「物」を所有者にした文と「人」を所有者とした文と比べてみると、語順が逆になることが分かります。

冠詞	所有物	of	冠詞	所有者
The	door	of	the	house

冠詞	所有者	所有物
—	Jack's	room
the	man's	room

次に、以下の例を見てみましょう。組み合わせがいろいろできることを説明しています。所有物の前には冠詞や限定詞がつきますが、所有者の前には、冠詞や限定詞の代わりに人称代名詞および固有名詞の所有格を使うことができることに注意してください。

冠詞/限定詞	所有物	of	冠詞/限定詞/所有格	所有者
The A Any Every No That	door	of	the a this every that his her my Mary's the old man's the woman's	house

所有を表す場合、**of** も **'s** も使わず、代わりに所有者を形容詞のように扱う場合があります。この場合文脈に応じて、**a** か **the** を使います。

Meet me in **the hotel lobby**.
(ホテルのロビーで待ち合わせましょう)

He was standing near **a school building**.
(彼はある校舎のそばに立っていた)

I talked to **the telephone operator**.
(電話の交換手と話した)

The desk drawer would not open.
(机の引き出しは開こうとしなかった)

固有名詞複数形の所有格が単数名詞と一緒に使われるとき、ふつう冠詞 the が必要です。

The Browns' home burned down last week.
(ブラウン家の住まいは先週全焼した)

The Yasudas' car was stolen yesterday.
(安田家の車はきのう盗まれた)

Exercise 18

かっこ内の単語と、必要があれば他の単語を補って文章を完成させなさい。最初の文は解答例です。

The table was in (middle/room).
The table was in **the middle of the room**.

1. (Mary's house / door) is painted green.

   _____

2. Hideyuki met Jim in (lobby / hotel).

   _____

3. (seat / chair) was dirty.

   _____

4. (Tanakas' / house) was damaged by the wind storm.

   _____

5. We climbed to (Mt. Fuji / top).

   _____

6. (City / center) is very crowded.

   _____

7. (drawer / desk) was difficult to open.

   _____

8. (windows / old man's house) are very dirty.

   _____

9. Many people go on vacation in (August / month).

   _____

10. Did you speak to (operator / telephone)?

    _____

(解答は 257 ページ)

ふつう人称代名詞の所有格は、特に親しい家族を指すのに使います。

My mother lives in Sapporo.
(母は札幌に住んでいます)

Her husband works for Mitsubishi Company.
(彼女の夫は三菱に勤務しています)

Midori asked **her brother** to drive her to the hospital.
(みどりは兄に病院まで車で連れていってくれるよう頼みました)

His sister's husband is in Canada now.
(彼の妹の夫は現在カナダにいます)

自分の両親のことを、単に mother、father と言う人もいます。

Mother is in the kitchen now.
(母は今、キッチンにいます)

Father works in Shibuya.
(父は渋谷で働いています)

「未婚」か「既婚」かだけを問題にする場合、冠詞 a が使えることもあります。

Do you have **a wife**? （奥さまはいらっしゃるのですか？）

Mariko: I'm going to Los Angeles next week.
Kumi: Oh, how nice! I have **a sister** in Los Angeles. I should give you her address.

真理子：来週ロスに行くのよ。
久美：　えー、いいわね！　姉がロスに住んでいるの、彼女の住所を教えるわ。

真理子が行こうとしているロサンゼルスには久美の姉妹が1人（a sister）住んでいます。久美には他にも姉妹がいることが、彼女の言い方から分かります。もし1人しかいないのなら、次のような文になります。

My sister is living in Los Angeles.

Reiko Yamaguchi, **a** mother of five, was killed in a car crash yesterday. **The** husband, Kenjiro, was seriously injured.
（昨日5人の子を持つ母親、山口礼子さんが自動車事故で亡くなりました。夫の健次郎さんも重傷を負っています）

ここでは山口夫人が亡くなったことばかりでなく、彼女に5人の子供がいたことが説明されています。mother の前の a は、彼女がたくさんの母親たちの中の1人であることを示し、husband に the がついているのは、この男性が亡くなった女性と結婚していたことを示しています。言い換えれば、「限定された」夫—山口礼子さんの夫—を指しています。The husband は、her husband と言い換えることができます。

the が個人についてではなく、個人と個人との対比を強調する場合に使われることがあります。次の文では、夫や妻が「誰」であるかは、問題にしていません。「夫」と「妻」を並べて対比しながら強調しています。

The husband is a doctor, and **the wife** is a nurse.
（夫は医者で、妻は看護婦だ）

口語英語では、男性が自分の妻を the wife ということがあります。しかし、女性は自分の夫のことを the husband とは言いません。

The wife has a job now. （家内は現在、仕事に就いています）

このステップでの整理と exercise に備えるための参考チャートです。所有格と冠詞の関連を確認してください。

冠詞	所有格	名詞
無	人称代名詞の所有格 **her**	desk
無	固有名詞の所有格 **Mary's**	desk
a/the	所有格（＋'s） **boy's**	desk
a/the	物＋ of ＋冠詞 **drawer of the**	desk
the	固有名詞の複数形（＋'s） **Tanaka's**	house

Exercise 19

以下の文章の空欄に正しい人称代名詞および固有名詞の所有格を書き入れ、必要な場合は冠詞をつけなさい。最初の答えは解答例です。

Hideyuki was invited to __his__ brother's house to have dinner. When he arrived, (1) _____ brother's wife greeted him at the door.

"Welcome," she said, "(2) _____ brother has been delayed at (3) _____ office, but he will be here soon."

Hideyuki thanked (4) _____ sister-in-law and said he would like to see the children.

She called (5) _____ son and (6) _____ daughter. When they saw (7) _____ uncle, they were very happy. (8) _____ niece ran to get (9) _____ new coat to show (10) _____ uncle. (11) _____ nephew showed (12) _____ new tennis racket to (13) _____ uncle.

"Look at (14) _____ new coat," (15) _____ niece shouted.

"May I wear it?" Hideyuki asked her.

"Oh, Uncle, don't be silly," she said. "It's (16) (girl) _____ coat."

"Why can't I wear (17) (girl) _____ coat?" he asked jokingly.

"People would laugh at you," she said. "It is very

strange for a man to wear (18) (girl) _____ coat."

"Would they laugh at you if you used (19) (brother) _____ tennis racket?" he asked.

"No," she said. "Anybody can use a tennis racket."

"Well, you are not going to use (20) _____ tennis racket," (21) _____ nephew stated. "You might break (22) _____ new racket."

"I think I've started something now with (23) _____ teasing," Hideyuki said. "Let's talk about something else."

"But Uncle," said (24) _____ niece, "I want to borrow (25) (brother) _____ tennis racket tomorrow, but he won't let me. Please ask him to lend me (26) _____ tennis racket."

"Why do you want to use (27) _____ tennis racket tomorrow?" Hideyuki asked.

"Because Aiko has asked me to play with her. (28) _____ mother is a member of a tennis club. And (29) _____ mother told her she would take us to (30) _____ club. But I don't have a tennis racket."

"Perhaps," Hideyuki said, "if you are very careful, (31) _____ brother will let you use (32) _____ new tennis racket. But you must ask him nicely."

Just then (33) _____ sister-in-law called from the kitchen. "Children, (34) _____ father is home. Wash (35) _____ hands for dinner." Hideyuki was very happy that (36) _____ brother had finally arrived.

(解答は 257 ページ)

STEP 3a-12　名詞が which、what、whose に続く場合は無冠詞

以下の文を見てください。

Which girl went to the post office?
(どちらの少女が郵便局に行ったのですか)

What time did he come in?
(彼は何時に入ってきましたか)

What name did he give?
(彼はなんという名前をつけたのですか)

Which page do you want me to read?
(どのページを読んでほしいですか)

Whose book is that?
(あれはだれの本ですか)

これらが全て which、what、whose に名詞が続くかたちで始まっている疑問文であることに注目してください。こうした場合、冠詞は使いません。

平常文でも同じ構造になっていれば、無冠詞となります。

Hideo doesn't know **which day** his sister will arrive.
(秀雄は姉が何日に着くのか知らない)

I don't have any idea **what time** it is.
(いま何時かまるで分からない)

The teacher didn't know **which boy** threw the piece of paper.
(その教師はどの少年がその紙切れを投げたかわからなかった)

He asked me **which horse** won the race.
(彼はどの馬がレースに勝ったのかと私に聞いた)

しかし感嘆文では、冠詞 a が疑問詞の後に来ます。

What **a** beautiful girl she is!
(彼女はなんて美しいのだろう)

What **a** fool he is!
(彼はなんて馬鹿なんだろう)

What **a** good time we had!
(なんて楽しかったんでしょう)

SECTION 3

Exercise 20

以下の文章で下線の部分が正しい場合には **C** を、間違っている場合には正しい文章を解答例(最初の2問)に従って書きなさい。

What a beautiful day!
<u>What beautiful day</u> it is!

I don't know <u>whose book</u> that is.　**C**

1. <u>What a time</u> did she come home?

2. My father didn't know <u>which letter</u> arrived first.

3. The lady didn't know <u>which train</u> to take.

4. <u>What a strange man</u> he is!

5. <u>Whose the car</u> is parked outside?

6. <u>What fat man</u> Larry is!

7. <u>Which secretary</u> will type this letter?

111

8. We asked him <u>which chair</u> needed to be repaired.

9. <u>What a name</u> did he give?

10. Those are the people <u>whose dog</u> bit me.

(解答は 258 ページ)

復習のために、次の表を参考にしてください。

	wh-	冠詞	名詞	
	What	a	beautiful car	that is!
	Which	—	car	is Mary's?
I don't know	which	—	car	is Mary's.
I don't know	whose	—	book	that is.

which、what、whose などの後に動詞が続き、その動詞の後に名詞がくる場合、その名詞につく冠詞は通常の冠詞ルール（既出や限定、限定詞や所有格の有無などにかかわるルール）が適用されます。

The house, **which was** near the river, was destroyed in the flood.
（川の近くにあるその家は、洪水で倒壊した）

The lady, **who fell** from the train, was not badly hurt.
（列車の中から落ちたその女性のけがはそれほどひどくなかった）

I don't know **what was** said to Jim's wife.
（ぼくはジムの奥さんが何と言われたのか知らない）

The boy, **who is** holding the ball, is Hideo's brother.
（ボールを持っている少年は秀雄の弟だ）

A very old man drove the car **which hit** the boy.
(その少年をはねた車を運転していたのは、かなり高齢の男性だった)

Who hit the boy?
(誰がその少年をはねたのですか？)

What did the man say to Mari?
(その男は真理に何と言ったんです？)

冠詞 the が which、what などの後ろについて、既出か限定かを表す場合があります。

既出

The girl had been waiting in the railroad station all day for her father. **What the girl** didn't know was that her father had arrived by bus and was already home.
(その少女は駅で1日じゅう父親を待っていた。彼がバスで到着して、もう帰宅しているとも知らずに)

限定

I didn't hear **what the boy in the blue shirt** said to you.
(ブルーのシャツを着たその少年があなたに何と言ったのか聞こえなかった)

which、what などに続き所有格のあとに名詞が来る場合があります。

He lost the watch **which his mother** had given him.
(彼は母からもらった腕時計を失くした)

She was paid the money **which Mary's sister** owed her.
(彼女はメアリーの姉に貸したお金を返してもらった)

Exercise 21

以下の文章の空欄に必要な冠詞か which、what、who、whose を入れなさい。最初の2つは解答例です。

MRS. OGAWA'S UNFORTUNATE DAY

" **What a** day I've had!" exclaimed Midori when **her** husband, Hideyuki, arrived home.

" **What** happened?" he asked.

"First thing this morning, the old woman (1) _____ lives upstairs started shouting. Then water started coming into our house through the ceiling. It seems the old sink, (2) _____ the plumber fixed last year, was overflowing. The old woman, (3) _____ husband was out shopping, was having trouble turning the water off. I went upstairs and helped her. Finally we managed to stop the water.

"Then I came back downstairs to see (4) _____ damage had been done to our house. The rug, (5) _____ your mother gave us, was completely soaked. I had to take it to the dry cleaners. Then I had to mop up the rest of the water (6) _____ was still on the floor.

"When I finally finished, I was very tired. I wanted to eat the soup (7) _____ I had prepared earlier. But it was cold. I started to reheat the soup on the stove, when the doorbell rang.

"'(8) _____ do you want?' I rudely asked the

woman (9) _____ was standing there.

"'I'm sorry to bother you,' she said, 'but my cat, (10) _____ is very old, has run away. Have you seen any stray cats recently?'

"'I saw two old cats yesterday. Perhaps if you describe your cat, I can tell (11) _____ cat was yours.'

"'My cat is a female, black and white calico. She has a bell around her neck, (12) _____ doesn't ring. She's very friendly, (13) _____ surprises many people.'

"'Neither cat I saw had a bell around its neck,' I told the woman. The woman continued to talk about this cat, (14) _____ was lost, for a long time. I finally told her I had to go because the pot (15) _____ I had put on the stove was beginning to burn.

"When I returned to the kitchen, it was filled with smoke. The pot (16) _____ was on the stove, was totally black. I opened the windows. Suddenly the lady, (17) _____ house faces ours, started shouting. She wanted to know if she should call the fire department. She had seen the smoke and had come out of her house to see (18) _____ house was on fire. I told her that the fire was under control.

"After the house was cleared of the smoke (19) _____ had filled it, I decided to take a walk. As I passed the old man's house (20) _____ is across from the bakery, a small dog ran out and bit me. The injury (21) _____ the dog caused wasn't serious. It was just a scratch. But it scared me.

"'(22) _____ racket you are making!' the old man shouted at his dog. Then he saw me and asked: '(23) _____ is wrong?'

"'I'll tell you (24) _____ is wrong, sir,' I said to him angrily. 'That nasty dog, (25) _____ you allow to roam the neighborhood, has bitten me.'

"'I'm sorry, madam,' he said. 'But you must have annoyed the dog.'

"'How can you say that?' I asked. "The dog (26) _____ bit me ran out of your gate and attacked me. I didn't do anything to that creature.'

"Then the man (27) _____ owned the dog got very angry. Since he was very old, I decided not to continue the argument. But as I was leaving, I noticed the dog, (28) _____ the man was protecting, was about to bite another person. Still the man paid no attention to (29) _____ I said about his dog. (30) _____ strange old man he was!

"I then went to the bakery to buy some bread. I also bought a bottle of wine at the liquor store and some meat at the butcher shop. When I was nearly home, the bag into (31) _____ I had put the groceries broke. Everything fell on the ground. The wine bottle shattered. I nearly cried. That was the last straw!"

"Yes," said Hideyuki, "(32) _____ day you had, indeed!"

(解答は258ページ)

STEP 3a-13 「前置詞＋(無冠詞)名詞」の慣用句

前置詞の後に名詞がくる場合、その名詞には通常の冠詞ルール（既出、限定の場合や限定詞、所有格が使われる場合のルール）が適用されます。しかしここで紹介する「前置詞＋名詞」の表現には冠詞は使われません。これらの表現は成句となっていますので、必ずしも冠詞のルールに従うわけではないのです。ですから、**名詞が冠詞ルールに外れている場合、それは慣用句となっている可能性があります。**

■ by＋移動の手段

He came by | **car.** (彼は車で来た)
| **bus.** (バスで)
| **foot.** (歩いて)
| **bicycle.** (自転車で)
| **train.** (列車で)
| **ship.** (船で)
| **ferry.** (フェリーで)

これらの表現は決まった言い方になっていますので、単数の名詞であっても冠詞 a をつけません。

車両、船舶、航空機などの語を直接用いる代わりに、次のように表現することもできます。

The merchandise will be sent by | **sea.**
(その商品は船便で送られます)
| **air.** (航空便で)
| **road.** (陸路で)
| **rail.** (貨物便で)

しかし、次の表現では冠詞 a か the が必要になります。

He came on **a/the** | **train** （彼は列車で来た）
| **bus** （バスで）
| **ship** （船で）
| **motorcycle** （バイクで）
| **ferry** （フェリーで）

■ by + 1日のうちの「時」

I think he will arrive **by** | **noon.**
（彼は正午までに来ると思う） | **evening.** （夕方までに）
| **morning.** （朝までに）

しかし、以下のような言い方はしません。

I think he will arrive **by afternoon.**
（彼は午後までに来ると思う）

次のように言う必要があります。

I think he will arrive **by this afternoon.**
（彼は今日の午後までには来ると思う）

I think she will arrive **by tomorrow.**
（彼女は明日までには来ると思う）

by や after とともにある時間的長さを表す語（day など）をくり返し使うことで、時間の連続を表すことができます。

day by day （くる日もくる日も）
week after week （毎週毎週）
year by year （毎年毎年）

■ at + 場所

My brother is **at** | **home.** （兄は家にいる）
| **school.** （学校にいる）
| **work.** （職場にいる）

これらの例では、名詞は慣用表現として組み込まれているため冠詞がつきませんが、通常は、次のように冠詞を必要とします。

My brother is **at the** | post office. （兄は郵便局にいる）
| supermarket. （スーパーマーケットに）
| cinema. （映画館に）

My brother is **at a** | meeting. （兄はミーティング中だ）
| party. （パーティーに出ている）
| baseball game. （野球の試合に出ている）

最初の例では the が使われていますが、これは、特定のオフィス、郵便局、スーパーマーケット、または映画館を指しているからです。つまり「私の兄」が通常行くオフィスや、郵便局、スーパーマーケット、映画館というわけです。冠詞 a が使われている例文では、集会やパーティー、野球の試合といったものが、多くのものの中の1つであり、限定されていないので a になっているわけです。話し手と聞き手の双方がパーティーについて知っている場合は、話し手は次のように the をつけなくてはいけません。

My brother is **at the party**.
（兄は（例の）パーティーに出ている）

多くの場合は次のように言います。

My brother is **at Midori's party**.
(兄はみどりのパーティーに出ている)

そうでなければ、それが何のパーティーなのか、たとえば会社のパーティーだとか言うはずです。

■ at + 1日のうちの「時」

at	
	night (夜に)
	noon (正午に)
	midnight (真夜中に)
	daybreak (夜明けに)
	sunset (日没頃に)

at は基本的には「一時点」という短い時間を意味しますが、これには心理的な要因も加わりますので、簡単に物理的な意味では割り切れません。英語ではふつう at morning, at afternoon, at evening とはせず、次のようにします。

in the	
	morning (朝に)
	afternoon (午後に)
	evening (夕方に)

■ to + 場所

My sister went **to town**. (姉は街に出かけた)

town は無冠詞で使います。city や village は冠詞を必要とします。

My sister went **to the city**.
(姉は街に行った)

My sister went **to a city** in northern Japan last week.
(姉は先週、日本の北部のとある都市へ行った)

I went **to a village** on the outskirts of Tokyo during my vacation.
(休暇中、東京の郊外にある村に行った)

また、「場所」や「建物」を表すいくつかの語は冠詞の有無によって意味が異なる場合がありますので注意してください。

go to school （授業に行く）
go to church （礼拝に行く）

school はこの場合無冠詞で「授業」の意。**the** がつくと「校舎」、つまり建物の意となり、church の場合も **the** がつくと建物になります。

■ 朝食・昼食・夕食などと一緒に使われる前置詞

I didn't see him **until breakfast**.
(彼とは朝食のときまで顔を合わせなかった)

We talked **during lunch**.
(昼ご飯のあいだに話をした)

We will talk about that **at dinner**.
(その話は夕食のときにしよう)

They sat down **to supper**.
(夕食をとるために一同は席に着いた)

■ in + 物・事

以下のフレーズを見てください。やはり無冠詞となる慣用句です。

in school （学校で）in house とは言えない。
In debt （借金があって）
in retaliation （仕返しに）
in town （in city/village とは言えない）
in jail （拘留されて）

注意していただきたいのは、town が無冠詞で扱われ、city や village は the をつけるという点です。ただしこの場合、具体的な情報をもたらされていないことが条件です。

He is **in town**. （彼は街にいます）
He is **in the city**. （彼は街にいます）
He is **in the village**. （彼は村にいます）

条件や範囲や地域や国が分かっている場合は、次のように言えます。

He is **in a city** in China.
（彼は中国のとある都市にいます）

He is **in a village** in Chiba Prefecture.
（彼は千葉県のとある村にいます）

慣用的な表現は時としてバリエーションを生むことがあります。例えば、hospital ですが、イギリスでは、"in hospital"（入院している）というのに対し、アメリカでは、"in the hospital" と the をはさみます。また前置詞でも、ニューヨークの人々は "on line"（行列をして、列に並んで）と言いますが、中西部のアメリカ人は "in line" と言います。

Exercise 22

空欄に正しい冠詞か、必要な場合には限定詞（this, that など）や所有格を入れなさい。冠詞が必要でない場合は、ダッシュ（—）を入れること。最初の答え2つは解答例です。

The streets are empty at __—__ night.
"Please come to __the__ office, and we will discuss the problem," Hideyuki told his client.

1. Mrs. Ogawa was surprised to see her husband home in _____ middle of _____ day.

2. Noriko is at _____ school right now.

3. My brother is at _____ meeting.

4. Mrs. Yasuda went to _____ post office.

5. A boy was standing in _____ train station. He was wearing _____ strange hat on _____ head.

6. Mr. Tanaka decided to send the equipment to Korea by _____ air instead of by _____ sea because it was urgently needed.

7. We shall leave on our trip at _____ daybreak.

8. When Mr. Itoh retires next year, he wants to take _____ trip. He plans to visit many European countries.

9. An old deteriorating house stands near _____ entrance to our office.

10. My father has gone to _____ town.

11. Has your sister gone to _____ village?

12. I have been in _____ debt for nearly a year.

13. Hideyuki stored the furniture in _____ father's garage.

(解答は 259 ページ)

STEP 3a-14 「the + 名詞」に続く名詞は無冠詞

以下の文を見てください。

> A farmer carried **a cow**, **a horse**, **a pig**, and **a dog** in his truck. He was taking **the cow**, **horse**, and **pig** to the market. **The dog** was sitting inside the truck cab with **the farmer**. **The other animals** were in the back of the truck.
> (ある農夫が牛と、馬と、豚と犬をトラックで運んでいた。彼はその牛、馬、豚を市場に連れて行くところだった。犬はトラックの運転席に農夫と並んで座り、他の動物たちはトラックの後ろに乗せられていた)

最初のセンテンスでは、動物名は初出ですので、冠詞 a が使われています。次のセンテンスでは、それらの動物は既出となりますから the をつける必要がありますが、こうした場合、**1番目の名詞にのみ the をつけ、その後に続く名詞は無冠詞とします。**

では次の文を見てください。

At the store Midori bought **a blouse, a skirt, a scarf, and a hat**.
(みどりはその店で、ブラウスとスカーフと帽子を買った)

The passengers on the ship included **a small baby, a teenage girl, a very old woman**, and **a soldier**.
(その船の乗客たちには、小さな赤ん坊や、10代の少女、高齢の女性や兵隊などがいた)

不定冠詞 a がつく場合は、それぞれの名詞すべてに a がつくことに注意してください。

既出になると the がつき、その後に続く名詞は無冠詞です。

The teacher gave Tsuneo **a pencil, a pen** and **a ruler**. **The pencil** and **pen** were used, but **the ruler** was new.
(先生は恒夫に鉛筆とペンと定規をくれた。鉛筆とペンはお古だったが、定規は新品だった)

冠詞 a がつかない名詞、たとえば物質名詞、総称を表している名詞、集合名詞、特性や性格、感情、自然の力や作用を示す名詞などの場合はいくつ連なってもやはり**冠詞は不要です。**

My mother bought **soap, bleach,** and **detergent** at the supermarket.
(母は石けんと漂白剤と洗剤をスーパーで買った)

She loves **music, poetry,** and **literature**.
(彼女は音楽と詩と文学を愛する)

Mr. Ito felt **fear, panic,** and **helplessness** as the rioters surrounded his car.
(伊藤氏は車を暴徒に取り囲まれて、怯え、取り乱し、もはやどうすることもできないと感じた)

My favorite sports are **baseball, tennis**, and **golf**.
(私が好きなスポーツは、野球とテニスとゴルフです)

During the thunderstorm we experienced **lightning, thunder, hail, wind**, and **heavy rain**.
(その激しい雷雨で、われわれは稲妻と雷鳴とひょうと強風と激しい雨を体験した)

限定詞や所有格とともにいくつかの名詞が連なっている場合、冠詞はその一連の名詞には必要ありません。

That box of soap, crate of oranges, and **bag of flour** are for my mother.
(その石けんの箱と、かご入りのオレンジと小麦粉(の袋)は母のです)

Her house, garage, and **car** were destroyed in the fire.
(彼女の家や、ガレージや車がその火事で焼けた)

Keiko's dog, cat, and **canary** are all ill.
(恵子の犬と猫とカナリヤすべてが病気だ)

Exercise 23

空欄に a、an、the のいずれかを入れなさい。冠詞が不必要な場合は ダッシュ(―)を入れること。最初の答えは解答例です。

1. She ate __a__ peach, _____ pear and _____ plum.

2. You can get there by car, _____ train or _____ bus.

3. Would you like _____ coffee, _____ tea or _____ milk?

4. _____ football, _____ soccer and _____ rugby are similar sports.

5. When the plane made an emergency landing, the passengers showed _____ fear, _____ uncertainty and _____ powerlessness.

6. The newlyweds need to buy _____ dishes, _____ glassware and _____ cutlery for their kitchen.

7. The teacher scolded the pupil because he had _____ torn book, _____ broken ruler and _____ dry pen.

8. Yoshi's _____ baseball, _____ bat and _____ glove were stolen.

9. That horse, _____ cow and _____ pig belong to Mr. Kimura.

10. During the storm there was _____ rain, _____ wind, _____ thunder and _____ lightning.

11. Sitting behind me on the bus were _____ old woman, _____ very fat man, _____ noisy child and _____ pretty girl. When _____ old woman became sick, _____ fat man, _____ noisy child and _____ pretty girl didn't know what to do to help her.

（解答は 259 ページ）

STEP 3a-15　動名詞は無冠詞

以下は動名詞を使った例文です。

Farming is hard work.
(農業は重労働だ)

His favorite pastime is **fishing**.
(彼の好きな余暇の過ごし方は釣りだ)

Playing the harp is his greatest talent.
(ハープを弾くことは彼が一番得意とするところだ)

My neighbor's shouting kept me awake last night.
(ゆうべは隣人のどなり声で眠れなかった)

Smoking is not permitted here.
(ここは禁煙です)

太字の単語は動名詞と呼ばれます。これらは動詞の名詞形で、ほとんど -ing で終わります。動名詞に冠詞 a をつけることは、まったくと言ってよいほどありません。

しかし、既出か限定かを示す場合には動名詞でも the をつけます。

既出

Farming is an important occupation in Kenya. Much of **the farming** is done on very small farms called shambas.
(ケニアでは、農業は重要な職業だ。多くの農業は、シャンバと呼ばれるとても小さな農場で営まれる)

既出となったとき動名詞のかたちで表現しなおされる語は、初めて出てくるときに名詞であっても、動詞であってもかまいません。次の例では、to fish は名詞用法、singing は動詞で使われており、ともに動名詞 (fishing と singing) になって表現されています。

I like **to fish** in that lake. **The fishing** there is much better than in any of any of the other lakes in the area.
(あの湖で釣りをするのはいいですね。この辺りでは、どこの湖よりもあそこで釣るのがいいですよ)

A woman was **singing** in the next room. **The singing** was very beautiful.
(ある女性が隣の部屋で歌を歌っていました。その歌はとてもすばらしかった)

限定

The farming in that country is very primitive.
(その国の農業のやり方は非常に原始的だ)

The shouting outside became louder and louder.
(屋外のどなり声はだんだん大きくなった)

The fishing in that lake is excellent.
(その湖で釣りをするのは最高だ)

動名詞と所有格を一緒に使うことがあります。

Her singing is terrible.
(彼女の歌はひどい)

His cat's meowing kept me awake last night.
(ゆうべは彼の猫の鳴き声のおかげで、一晩じゅう眠れなかった)

My swimming is very poor.
(私は泳ぎがひどく下手だ)

Exercise 24

以下の文章の下線を引いた語に正しいものと誤っているものがあります。正しくないものには × をつけ、正しい語をその上に書き、正しい場合には C をそれぞれ解答例にならって書き入れなさい．最初の2問の答えは解答例です．

The opera star's singing was incredibly beautiful. [C]

I don't enjoy to dancing. [dancing, ×をつけるのを忘れないよう！]

1. A swimming is good exercise.

2. Many people enjoy hiking.

3. Aiko's handwriting is dreadful.

4. Many people gathered in the street after the accident and began to shout. Shouting became louder and louder until the police came.

5. Jog is a popular pastime.

6. Smoking is not allowed here.

7. The teacher didn't allow talking in her class.

8. Skiing on that slope is very poor.

9. Hiroshi's drinking bothered his wife.

10. Run isn't allowed near the swimming pool.

（解答は 259 ページ）

STEP 3a-16　無冠詞の慣用表現

無冠詞の慣用表現のなかで、話題を発展させたり転換したりする際にひんぱんに用いられる慣用句があります。

　in general　（一般に、ふつうの）
　for instance　（たとえば）
　for example　（たとえば）
　in fact　（実際に）
　in conclusion　（要するに）

　In general, Mary is an early riser.
　（メアリーは、ふだん早起きです）

　People **in general** like Chaplin's movies.
　（たいていの人はチャップリンの映画が好きです）

上に紹介している慣用表現では、名詞が無冠詞で使われています。**通常冠詞を必要とする名詞が無冠詞で登場している場合、名詞は慣用表現の中に組み込まれている可能性が高くなります。**

さらに日常よく使う無冠詞の慣用表現のいくつかを挙げておきます。

　keep house　（家事をする）
　play house　（ままごとをする）
　at hand　（近くに）
　out of hand　（手に負えない）
　at heart　（心の底で）
　from head to toe　（頭のてっぺんからつま先まで）
　see eye to eye　（意見が合う）
　face to face　（面と向かって）

back to back （続けざまに）

cry wolf （うそをつく）

out of pocket （損をする）

turn traitor （裏切る）

Haruko **keeps house** for her father because her mother was killed in a car accident.
（母親が自動車事故で亡くなったため、春子は父親のために家事をする）

Many little girls like to **play house**.
（幼い少女たちはたいていままごとが好きなものだ）

The time is **at hand** to make a decision.
（決断の時は迫った）

The children in Miss Yamaguchi's class got so **out of hand** that the other teachers complained about the noise.
（山口先生のクラスの子供たちはあまりにも手に負えず、その生徒たちのうるささに別のクラスの先生たちからクレームがついた）

He has her best interests **at heart**.
（彼女は心の中では彼に一番関心がある）

The little boy was covered in mud from **head to toe**.
（その幼い男の子は頭のてっぺんからつま先まで泥だらけだった）

The two partners often quarrel because they don't **see eye to eye** on many issues.
（そのパートナー同士の2人は多くの問題で意見が合わず、よく口論をする）

Mr. Nakamura prefers **face to face** meetings. He doesn't like to talk on the telephone.
（中村氏は顔を合わせて話すミーティングのほうが好きだ。電話では話したがらない）

The company had two bad years **back to back**.
(会社の経営は立て続けに2年間、運がつかなかった)

If we **cry wolf** too many times, nobody will listen to us.
(あまり何度もうそをつくとだれもわれわれの言うことを信じなくなるだろう)

Although the company paid his transportation and hotel bills, he was still **out of pocket**.
(会社から交通費とホテル代は出ていたが、それでも彼の持ち出しとなった)

The diplomat **turned traitor** and sold state secrets to the enemy.
(その外交官は裏切って、秘密を敵側に売った)

英語には多くの慣用表現があります。ここでは名詞が無冠詞で使われる表現を紹介しています。もちろん冠詞のつく慣用表現もたくさんありますが、いずれにしても決まった表現ですので、ひとかたまりで覚える必要があります。もう少し挙げてみましょう。

play mother/nurse/teacher
(子供たちがする「お母さん/看護婦さん/先生ごっこ」)

set foot
(「足を踏み入れる」という意味ですが、この表現は誇張的に、あるいは重要な出来事を言うときに使われます)

take office (ふつう、「政府の役人が公務を開始する時間」の意)

turn tail (おじけづいて逃げる)

man to man / mother to daughter / father to son / husband to wife (腹を割って、率直に)

ear to ear (一方の耳から他方の耳へ)

Little girls like to **play mother** and pamper their dolls.
(女の子たちはままごとが好きで、人形をあやして遊ぶ)

After the argument, he didn't **set foot** in his father's house for three years.
(口論の揚げ句、3年間というもの彼は父親の家の敷居をまたがなかった)

We were reluctant to **set foot** into the Emperor's private chamber.
(われわれは皇帝の私室に足を踏み入れるのをためらった)

When Bill Clinton **took office**, people had high expectations of him.
(クリントン大統領が執務につくと、人々は大きな期待を寄せた)

The enemy **turned tail** when they saw 5,000 tanks and heavy artillery facing them.
(敵は5000台の戦車と大砲を目の当たりにすると、怖じ気づいて逃げ出した)

Let's talk **man to man** about the problem.
(腹を割ってその問題について話し合おう)

He was smiling from **ear to ear**.
(彼は顔中口にして大笑いをしていた)

慣用表現の中で無冠詞で使われている名詞に冠詞をつけた場合、その瞬間から慣用表現ではなくなり、文字通りの意味になります。ただし、両方に使える例はそれほど多くはありません。

on edge （神経質になって、いらいらして）
on **the** edge （縁で、ほとりで）

eat crow （余儀なく誤りを認める、恥をしのんで前言を撤回する）
eat **a** crow （文字どおり、「1羽のカラスを食べる」の意）

to weigh anchor （錨を上げる、船出する）
to weigh **an** anchor （錨の重量を量る）

Exercise 25

このステップで学んだ表現を使って以下の文を完成させなさい。最初の答えは解答例です。

Keiko and her sister like to ___play mother___. Some day they may become real mothers.

1. The child grinned _____ when I gave him some candy.

2. After winning the election, the senator _____ on April 15.

3. President Bill Clinton and Prime Minister Tony Blair frequently held _____ meetings.

4. Tomiko and Eiko never seem to agree on anything. They don't _____ .

5. Mariko's mother had her daughter's best interests _____ when she refused to allow Mariko to make a trip to Singapore.

6. When Midori was a child, she used to _____ . Now she has her own home and doesn't need to.

7. Taro fell into the pond and was muddy _____ .

8. The traitor was not allowed to _____ in his country again.

9. Yesterday Hideyuki's boss was angry with him and said he wanted to have a _____ talk with him.

10. The sugar industry has _____ so many times that the government no longer pays attention to that industry.

（解答は 260 ページ）

STEP 3a-17 　重病は無冠詞

病名は無冠詞の場合が多いのですが、特に重病には冠詞はつきません。

acne （アクネ）
appendicitis （虫垂炎）
colitis （大腸炎）
diabetes （糖尿病）
gonorrhea （淋病）
leukemia （白血病）
meningitis （髄膜炎）
rabies （狂犬病）
smallpox （天然痘）
tuberculosis （肺結核）

AIDS （エイズ）
cancer （癌）
cholera （コレラ）
dysentery （赤痢）
leprosy （ハンセン病）
malaria （マラリア）
polio （ポリオ）
scarlet fever （猩紅熱）
syphilis （梅毒）

治ってもまたかかることのある一般的な病気や症状には、冠詞 a がつきます。

an ache （痛み）
a cold （風邪）
a cramp （けいれん）
a headache （頭痛）
an ulcer （潰瘍）

a chill （寒気）
a cough （咳）
a fever （発熱）
a sore throat （のどの痛み）

冠詞 the をつける病名もいくつかあります。（STEP 3a-5 参照）

the chickenpox （水ぼうそう）　the clap （淋病）
the flu （インフルエンザ）　　the hives （じん麻疹）
the mumps （お多福風邪）　　the sniffles （鼻風邪）

病気の発病や症例、患者などを case と呼ぶことがあります。

> The doctor treated **a case of cholera**.
> (医師はコレラの患者を治療した)
>
> **A case of rabies** was discovered in northern Hokkaido.
> (狂犬病の発症が1件、北海道の北部で認められた)

an attack of ～ は「発作」や「発病」の意味で使います。風邪や頭痛のような日常的で軽いものには使いません。

> He suffered **an attack of malaria** while he was on the trip.
> (彼は旅行中マラリアにかかり苦しんだ)
>
> **An attack of tonsilitis** kept her in bed for a week.
> (彼女は扁桃腺炎で1週間床についた)

Exercise 26

空欄に a、an、the のいずれかを入れなさい。冠詞が必要ない場合は、ダッシュ（—）を入れること。最初の答え3つは解答例です。

Hideyuki didn't go to the office yesterday because he had __a__ bad cold.

The doctor treated __a__ case of __—__ yellow fever.

1. Midori didn't go to the concert because she had _____ headache.

2. He has to watch what he eats because he has _____ ulcer.

3. Some people suffer from _____ hives when they eat strawberries.

4. Yuka can't sing today because she has _____ sore throat.

5. The old man suffered _____ stroke.

6. _____ cigarette smoking causes _____ cancer.

7. Many teenagers suffer from _____ acne.

8. If a person has _____ attack of _____ appendicitis, he should go to a hospital immediately.

9. He got _____ cramp in his leg while he was jogging.

10. _____ attack of _____ colitis can be very painful.

(解答は 260 ページ)

SECTION 3

SECTION 4

an + 普通名詞・単数形

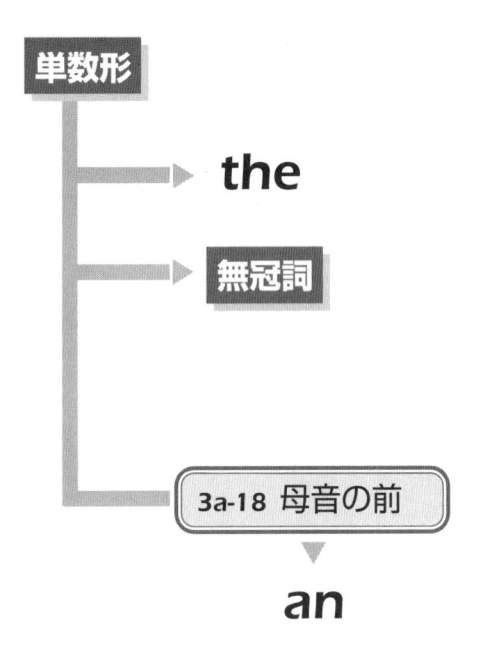

単数形
- → the
- → 無冠詞
- 3a-18 母音の前 → an

STEP 3a-18 an + 母音

以下の語を見てください。

an apple	an egg	an executive
an intersection	an owl	an uncle

これらの名詞はすべて、母音で始まります（a、i、u、e、o）。冠詞 an は母音の前につきます。

名詞の前に形容詞がつくとき、形容詞が子音で始まる場合 an は使いません。大切なことはスペルで判断するのではなく、耳に聞こえる音で判断するということです。

a rotten apple （腐ったリンゴ）
a broken egg （割れた卵）
a top executive （最高幹部）
a busy intersection （込んでいる交差点）
a grey owl （灰色のフクロウ）
a jolly uncle （すてきな伯父/叔父）
a good idea （名案）
a large order （大量注文）

逆に、母音で始まる形容詞を使う場合は冠詞 an をつけます。

an ugly animal （醜い動物）
an untimely death （早死に）
an elderly woman （年配の女性）
an intelligent girl （利発な少女）

どんなに多くの形容詞が使われる場合でも、冠詞のすぐ後の形容詞によってa か an かが決まります。

an old wobbly bridge （古くてぐらぐらした橋）
an eager, serious student （熱心でまじめな学生）
an elderly, intelligent gentleman （年配のインテリの紳士）
a large old house （大きな古い家）

an が、発音されない h で始まる単語につけられることもあります。h が発音される場合、a が使われます。

発音されない "h"	発音する "h"
an hour	a hotel
an hourly wage	a harp
an honor	a harmonica
an honorary degree	a hall
an honorable person	a hag
an heir	a hand
an honest person	a horse

母音 u が長く発音される場合（たとえば、union のように）は母音とはならないので、ルールに従い冠詞 an ではなく a が使われます。しかし、短く発音される場合（uncle のように）は母音になるので、冠詞 an が使われます。

短い "u"	長い "u"
an umbrella	a uniform
an uncle	a union
an update	a university
an underling	a ukelele

では、次の例文を見てください。

> That was **a once-in-a-lifetime** experience.
> (それは生涯唯一の体験だった)
>
> He enjoyed **a one-on-one** relationship with his boss.
> (彼は上司との1対1の関係を楽しんだ)
>
> Don't forget to include **an "m"** in the word "climb."
> ("climb"という単語の綴りに "m" を入れるのを忘れないように)
>
> Does that word have **an "f"** in it?
> (その単語の綴りには "f" は入りますか)

a を使うか an を使うか決める場合は、最初の文字の「発音」に注意することを忘れないでください。スペルで決めてはいけません。上記例文のうち最初の2例では、"o" の発音は "w's" と同じです（例：wuns [once] とwun [one]）。次の2例では、m と f の文字は母音で始まる発音なのでスペルに関係なく an が使われます。

■ an + other = another

ここで紛らわしい語 another について参考までに注意事項を書いておきます。かつて another という語は an と other の2語になっていました。文字どおり「他の1つ」という意味でしたが、そのうち1語 another となりました。ですから単数扱いになるわけです。

> He took another apple.
> (彼はもう1つのリンゴを取った)
>
> Another person took his place.
> (もう1人の人が彼の場所を取った)

> ［正］He took another apple.
> ［誤］I would like another apples.

複数形の名詞がくる場合には、other を使います。

These apples are not ripe; I would like other apples.
(これらのリンゴは熟していない。他の熟したリンゴがほしい)

Exercise 27

空欄に a か an を入れ、文を完成させなさい。最初の答え2つは解答例です。

__An__ old man sat next to Noriko.
__A__ fat elderly woman greeted us at the door.

1. He looks like _____ honest person.

2. That is _____ busy intersection.

3. It was _____ honor to meet the famous novelist.

4. Do you want _____ apple?

5. _____ ugly brown dog attacked the child.

6. Is there _____ hotel near here?

7. _____ enormous wave swamped the boat.

8. I saw _____ elephant at the circus.

9. _____ hen laid _____ egg under the farmer's car.

10. There was _____ earthquake in Tokyo last week.

11. The employees decided to form _____ united front against the company.

12. It is _____ honor to meet you.

13. _____ huge wave swept over the ship.

14. He bought _____ ukelele in Hawaii.

(解答は 260 ページ)

SECTION 5

a (an) + 普通名詞・単数形

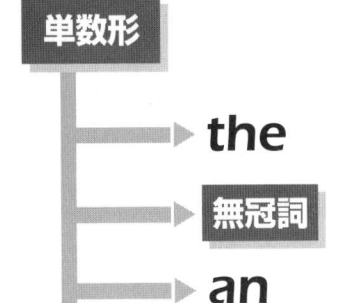

単数形
- the
- 無冠詞
- an

- 3a-19 複数の中の1つを示す
- 3a-20 総称や定義を表す
- 3a-21 「such+a ~」の構文
- 3a-22 日常的な病名
- 3a-23 慣用表現

a an

これまで普通名詞の単数形に the がつく場合 (SECTION 2)、無冠詞となる場合 (SECTION 3) そして an がつく場合 (SECTION 4) を説明してきました。これらの場合以外は普通名詞の単数形には a がつきます。ここで確認のため、まず a を使わないケース、つまりこれまで見てきました the を必要とするケースおよび無冠詞となるケースのうち特に重要なものを確認し、a を使うそれぞれのケースに進みます。

the を必要とする名詞

- ◆ 既出：既に話題に登場している場合
- ◆ 限定：特定の存在であることを示す場合
- ◆ 代表：種やグループの代表となっている場合
- ◆ 最高・最適：最高・最適の意味を表す場合

無冠詞となる名詞

- ◆ 不可算名詞：物質名詞や集合名詞の場合
- ◆ 限定詞：限定詞 (this、that、any など) が使われている場合
- ◆ 所有格：所有格が使われている場合
- ◆ 総称：「総称」の意味をもともと含んでいる名詞 (mankind など) の場合
- ◆ what や which が名詞に直結している場合
- ◆ 「the ＋ 名詞」に続く名詞：「the ＋ 名詞」の後に名詞が続く場合
- ◆ 動名詞：動名詞の場合

ただし既出、限定の場合には the がつくことがあります

STEP 3a-19　複数の中の1つを示す

名詞に a がつく場合は、基本的にはその名詞が複数の中の不特定の1人あるいは1つであることを意味します。

A young man sat next to me.
若い男が私の隣に座った。(たくさんの若者がいて、その中の1人が私の隣に座った、という意味)

The train stopped in **a small town** at 3 a.m.
列車は午前3時にある小さな町に到着した。(その列車はそれまでにいくつもの町を通過してきた。そんな町のうちの1つに、午前3時に止まった、という意味)

Would you like **a chocolate**?
チョコレートを1つ、いかがですか。(たくさんのチョコレートが箱の中にあります。その中から1つ、食べますか?という意味)

「たくさん」の中の1つ、という意味を表すために a をつける場合があります。

Hideki is **a member** of that club.
(英樹はあのクラブの会員だ)

a の代わりに the を使って、"Hideki is the member of that club." といえば、聞き手は英樹がそのクラブに所属していて、しかも彼が唯一の会員であると理解するでしょう。しかし通常、クラブが1人しか会員を持たないということはありえませんので、the は誤りということになります。

the の基本的意味は「唯一」であることを示すことにありますので、上に挙げた例文同様次の文も誤りということになります。

He is the Meiji University student.

明治大学には複数の学生がいることは周知の事実です。しかしこの文だと、明治大学には1人しか学生がおらず、"彼"がその学生であるという意味になってしまいます。しかし、次のように言うことは可能です。

He is **a Meiji University student**.
(彼は明治大学の学生だ)

He is **the Meiji University student** who phoned me yesterday.
(彼は、昨夜私に電話してきた明治大学の学生だ)

1番めの文の a student は、彼が明治大学のたくさんの学生のうちの1人であるという意味です。2番めの文の the student は、昨夜電話してきた学生「彼」を明治大学のたくさんの学生の中で唯一の学生として限定しています。

STEP 3a-20 総称や定義を表す「a＋名詞」

a + 名詞の単数形で、その名詞が単数でありながらそれが属する種あるいはカテゴリー全体を意味するといった使われ方をすることがあります。しかし、a は the や無冠詞で種、カテゴリーを総称させる場合よりも微妙ですが包括の度合いが狭い感じがあります。

A cat is a vicious animal.
(猫は意地の悪い動物だ)

Cats are vicious animals.
(猫は〈どれもこれも〉意地の悪い動物だ)

A computer is necessary for survival in this technological age.
(このテクノロジーの時代を生き抜くには、コンピュータは必需品だ)

辞書などで**言葉の定義**などをする場合に、a + 名詞の単数形が使われます。

A widow is a woman whose husband has died.
(未亡人とは夫に死なれた婦人をいいます)

A dock is a projection onto a lake or river to allow easy access to a boat.
(ドックとは艦船に近づきやすいように河や湖に構築された突出部のことです)

STEP 3a-21 「such＋a ～」の構文

この表現は意味を強めるためによく使われることがあります。多くの場合、such a ～ that ～の形で that に導かれる節がきます。a の後に続く「形容詞＋名詞」が理由にあたり、**that 以下が結果や程度を表します。**

He is **such a** fool.
(彼は実におろかだ)

Mr. Smith was **such a** terrible man **that** everyone shunned him.
(スミス氏はあまりにもひどい人間なので誰もが彼を遠ざけていた)

That horse is **such a** good runner **that** it is insured for a million dollars.
(あの馬は大変素晴らしい競走馬なので100万ドルの保険が掛けられている)

We had **such a** good crop this year **that** we can now afford to buy a new tractor.
(今年は大変豊作だったので新しいトラクターが買える)

STEP 3a-22 日常的な病気の名

日常的な病気で比較的軽度のものには a がつきます。これは、何回もかかることがあるということが数の概念につながっているからです。

an ache （痛み）
a chill （寒気）
a cold （風邪）
a cough （咳）
a cramp （けいれん）
a fever （発熱）
a hangover （二日酔い）
a headache （頭痛）

a heart attack （心臓発作）
a rash （発疹）
an infection （伝染）
a sore throat （のどの痛み）
a sprain （ねんざ）
a stroke （発作）
an ulcer （潰瘍）
a venereal disease （性病）

STEP 3a-23 a を使う慣用表現

■ a lot of と a great deal of

これらの表現が可算名詞に使われると「多数」、不可算名詞では「多量」、金額では「多額」の意味になります。可算名詞では複数形をとりますので、そちらの項を参照してください。

There is **a lot of water** on the floor.
（床に大量の水がこぼれている）

You can make **a lot of money** by selling used cars.
（中古車を販売すれば、大もうけできる）

He drank **a great deal of beer** yesterday.
（彼は昨日ビールをたくさん飲んだ）

Don't spend **a great deal of time** on that project.
（そのプロジェクトに長々と時間をかけるな）

話の内容をまとめたり時間の経緯を示す表現に使われる

as a rule （概して）
as a result （結果として）
in a word （要するに）
a matter of fact （厳然たる事実）
a matter of time （時間の問題）
a long time ago （かなり前に）
once upon a time （昔ある時）
after a while （しばらくして）
for a while （しばらくの間）

その他の a を含む慣用表現をもう少し挙げます。

take a leap （跳躍する）
in a hurry （急いで）
on a binge （酒浸りの状態で）
a square peg in a round hole （不適任者、不適格な物や事）
(as) sick as a dog （ひどく気分が悪い、意気消沈して）

Exercise 28

以下の空欄に、a、an、the のいずれかの冠詞を入れなさい。冠詞が必要でない場合はダッシュ（－）を入れること。

1. People in many countries consider _____ lion to be _____ king of all animals.

2. _____ boy was playing in front of _____ Noriko's house. Noriko didn't know _____ boy's name, but she knew _____ boy lived in _____ neighborhood.

3. _____ honesty is _____ best policy.

4. _____ milk is sold by _____ liter.

5. I don't know which _____ horse won _____ race.

6. Midori will travel to _____ her mother's house by _____ bus.

7. Hideyuki has _____ flu. At first he thought he only had _____ cold and _____ fever, but then he began to ache and feel dizzy. He is glad though that his _____ illness is not _____ more serious one like _____ typhoid or _____ cholera.

8. Mr. Sato prefers _____ face to _____ face meetings with his clients. He doesn't like to talk to his clients over _____ phone.

9. Mr. Murata raises _____ poultry on his _____ farm.

10. I was awakened by _____ lightning and _____ thunder last night, but fortunately _____ storm didn't last long.

11. That _____ house belongs to Mr. Ito.

12. In the last fifty years, _____ airplane has become the principle means of _____ international travel.

13. _____ wisdom comes with _____ age.

14. _____ exercising is very important to remain healthy.

15. _____ old lady who lives next door went to the bakery, _____ supermarket, _____ florist and _____ butcher shop yesterday.

16. I like to eat _____ apple every day.

17. _____ love and _____ hate are very strong emotions.

18. _____ dove is _____ symbol of peace.

19. Yesterday Midori took her _____ son to _____ barber shop that her husband usually goes to. _____ barber cut _____ boy's hair too short, and Midori refused to pay him.

20. _____ bird flew to _____ tree outside my _____ window. Its _____ chirping was very loud, and I had to close _____ window.

(解答は 260 ページ)

SECTION 6

the + 普通名詞・複数形

複数形

- **3b-1** 既出(既に話に登場している場合)
- **3b-2** 限定(情況や意味が限定されている場合)
- **3b-3** either of・neither of・each of・none of・all of・both of・most of・some of に続く複数名詞

▶ **the**

以下の語を見てください。

　普通名詞につく冠詞は単数か複数かで異なります。多くの場合、複数形は単数形に s や es をつけることで表せますが、SECTION 1 の名詞の項で述べたように、不規則に変化するものもかなりありますので、気をつけてください。以下に規則・不規則の変化例を参考のため挙げておきます。

単数	複数
book	books
box	boxes
bus	buses
church	churches
city	cities
knife	knives
ox	oxen
child	children
man	men
tooth	teeth
deer	deer
species	species

ふつう普通名詞の複数形には冠詞はつきませんが、次の場合は例外です。

the がつく場合

- ◆ 既出
- ◆ 限定
- ◆ 次のような表現の後に来る場合

    both of　　either of　　neither of　　all of
    each of　　none of　　　most of　　　some of

a が複数形につくときは主に、few や lot of、great many といった形容詞を伴います。

a few minutes
a lot of people
a great many people
a great many pigs

a は複数や分数を意味する数字や単位にもつくことがあります。

a hundred people
a thousand soldiers
a million dollars
a half year
a dozen eggs

STEP 3b-1 既出

次の文を読んでください。

There are **many trees** in Mr. Sato's garden. **The trees** are very old, and many are twisted. Some of **the trees** form an arch over the walkway. **The other trees** are scattered about the garden.

(佐藤さんの庭には木がたくさんあります。木はみなとても古くて、ねじれているのもたくさんあります。何本かは小道にアーチを作っています。その他の木は庭のあちこちに点在しています)

2番目のセンテンスで the が trees の前に置かれているのは、trees が庭に生えている、前に言ったのと同じ木のことだからです。続く文の中でも the trees と言っているのは、どの木もはじめの文ですでに述べられた木であり、既出だからです。

では次の一節はどうでしょう。

> Mr. Kobayashi has **pigs**, **cows**, **chickens**, **ducks**, **and geese** on his farm. He keeps **the pigs** in a sty which is a long distance from his house. **The cows** graze in a pasture behind the barn. When it is time to milk **the cows**, Mr. Kobayashi's son herds them into the barn. **The chickens** are kept in a large modern coop. He no longer allows **the chickens** to wander around the farmyard. **The ducks and geese** swim in a small pond behind the farmhouse.
> (小林さんの農場は豚と牛とニワトリとアヒルとガチョウを飼育しています。豚は小林さんの家から遠く離れた豚小屋で飼われています。牛は納屋の裏手にある牧草地で草を食んでいます。乳しぼりの時間になると小林さんの息子が牛を納屋に追い立てます。ニワトリは大きな近代的な小屋で飼われています。小林さんはニワトリが庭を歩き回らないようにしています。アヒルとガチョウは家の裏手の小さな池で泳いでいます)

太字の単語に注目してください。動物の名前は初めて登場するときには、みな無冠詞です。続く文中では the が使われていますが、これは既出となったからです。最後の文では、geese は無冠詞ですが、これは ducks and geese が一続きのフレーズだからです。一続きの名詞群では、the は1番目の名詞だけにつき、それに続く名詞は無冠詞となります。次の文を見てください。

> **The pigs**, **cows**, **chickens**, **ducks**, **and geese** on Mr. Kobayashi's farm are well-cared for.
> (小林さんの農場の豚や、牛や、ニワトリやアヒルやガチョウは行き届いた世話をされている)

Exercise 29

空欄に the か the が不必要な場合はダッシュ（—）を入れなさい。最初の答え2つは解答例です。

Midori sent her niece to the supermarket yesterday to buy ___—___ potatoes, ___—___ onions, (1) _____ peas, (2) _____ carrots, (3) _____ apples and (4) _____ grapes. (5) _____ potatoes her niece bought were very small. (6) _____ onions had worms in them. (7) _____ peas were very hard. (8) _____ carrots were dirty. (9) _____ apples and (10) _____ grapes were not ripe. Midori was sorry that she had sent her niece to do the shopping. (11) _____ potatoes, (12) _____ onions, (13) _____ peas, (14) _____ carrots, (15) _____ apples and (16) _____ grapes were all unsatisfactory.

（解答は 261 ページ）

STEP 3b-2 限定

以下の文を見てください。

The employees in Hideyuki's office work late every night.
(秀之の会社の人たちは毎晩遅くまで仕事をしている)

The leaves on that tree are changing colors.
(あの木の葉は色づき始めている)

The windows in the old man's house are dirty.
(その老人の家の窓は汚れている)

太字の名詞の複数形はすべて限定されているため、the が使われています。はじめの文では、employee は「秀之の会社の」という限定を受けています。2番目では、leaves は「あの木の」葉という限定を受けており、3番目の文では、windows は限定された窓、つまりその老人の家の窓というわけです。

では、次の文を見てください。

Please clean **the tables**.
(そのテーブルを拭いてください)

この the は、話し手と聞き手がどのテーブルを指しているのか情況から判断がつくことを示しています。恐らく、彼らのいる部屋あるいは彼らの範囲にあるテーブルを指しているのでしょう。

話し手はこれらのテーブルを、次のような表現で強調することもできます。

Please clean **all the tables**.
(テーブルを全部、きれいにしなさい)

また、次のようにも言えます。

> Please clean **the tables** which are dirty.
> (汚れているテーブルはきれいにしてください)
>
> Please clean **the dirty tables**.
> (汚れているテーブルをきれいにしてください)

話し手は、汚れたテーブルだけ―きれいなテーブルではなく―に限定して言っています。ここでも限定の意味で、the が使われています。

the 以外にも限定詞として普通名詞の複数形に使われるものがあります。まず次の文を見てください。

> I saw boys. (私は少年たちを見た)

実は、**これは自然な英語ではありません**。通常の英語表現では、boys に対して何らかの限定をおこなうはずです。次の表現を見てください。

I saw		boys.	
	three		(私は3人の少年を見た)
	several		(私は何人もの少年たちを見た)
	some		(私は何人かの少年たちを見た)
	many		(私はたくさんの少年たちを見た)
	a group of		(私は少年たちのグループを見た)
	a number of		(私は何人もの少年たちを見た)
	a lot of		(私はたくさんの少年たちを見た)

もちろん、話し手と聞き手の両方がどの少年たちが話題になっているかを了解している場合は、話し手は次のように言うべきでしょう。

> I saw **the boys**. (私はその少年たちを見た)

既に話題に登場したことのある少年たちについて再度言及するときは、通常 the か代名詞を使うことになります。

the の場合

I saw several boys in the garden. Two of **the boys** were climbing a tree, and one was digging a hole.
(何人かの少年を庭で見た。そのうち2人が木登りをしており、1人は穴を掘っていた)

代名詞の場合

I saw several boys in the garden. **They** were playing with a frog.
(何人かの少年を庭で見た。彼らはカエルと遊んでいた)

グループのメンバーの、全員ではなく何人かが何かをしたという場合は、ふつう of や the を使います。

Three of the boys went home.
少年たちのうち3人が帰宅した。(残りの少年は居残ったという意味)

The three boys went home.
その3人の少年は帰宅した。(少年は全部で3人いて、その全員が帰宅したという意味)

Some of the children began to cry.
子供たちの何人かが泣き始めた。(全員が泣き始めたわけではない)

Most of the employees were on holiday last week.
従業員のほとんどが、先週は休暇をとっていた。(全員ではない)

A few of the files have been lost.
ファイルのうちいくつかがなくなった。(ほとんどのファイルはなくなっていない)

ふつう、普通名詞複数形の所有格にも the がつきます。

The boys' hats (その少年たちの帽子)

The children's books (その子たちの本)

The women's meetings (その女性たちの集会)

「所有格＋複数名詞」で、その名詞のすべての数ではなく、その中のいくつかを表したいときには、of the ＋「所有格＋複数名詞」というかたちにします。この場合 the が必要です。

数	of the	所有格	名詞	述部
Three	of the	boys'	hats	were blown away by the wind.
Some	of the	children's	books	were damaged by the rain.
One	of the	girls'	lockers	was broken.

しかし所有格が使われている場合は冠詞は不要です。

主語＋述語	数		所有格＋名詞		
The farmer found	three	of	his	pigs	near the river.
The workers felt that	most	of	their	efforts	were wasted.
The women's group cancelled	two	of	their	meetings	this month.
Midori lost	one	of	her	shoes	on the beach.

次のそれぞれを比べてみてください。

The boy's three books were lost, if you mean he **only** has three—and he has lost all of them.
(その少年の3冊の本がなくなったよ、きみが、彼が最初から3冊しか持っていなかったと言うなら、彼はその3冊を全部なくしたんだ)

少年がたくさん本を持っていて、そのうち3冊だけをなくしたときは、次のように言います。

The boy lost **three of his books**.
(その少年は持っていた本のうち3冊をなくした)

The boy lost **three books**.
(その少年は本を3冊なくした)

Exercise 30

以下の文には間違っているものがあります。間違いがある場合は解答例にならい単語を補って正しい文を書きなさい。文章が正しい場合には、**C** と書きなさい。最初の2問は解答例です。

C
The houses in that part of the city are very old.

of the
Three ∧ farmer's hens were killed by a fox.

1. Houses on that street are very well kept.

2. I saw five policemen near the airport entrance. Two policemen were resting, and the others were checking the departing passengers.

3. Please move chairs.

4. Keiko ate all oranges in the bowl.

5. Midori saw children in the yard.

6. Aiko cleaned dirty windows in her father's house.

7. The teacher allowed the three boys to go home but made the rest of the boys stay after school.

8. People of Japan are very hospitable.

（解答は 261 ページ）

STEP 3b-3　either of・neither of・each of・none of・all of・both of・most of・some of に続く複数名詞には the が必要

■ either of

同等の2人の人や2つの物からどちらかを選択するとき、「**either of + the+複数名詞**」のかたちをとります。名詞が単数形の場合は、of the は不要となります。意味の上からは、either of the books でも either book でもほとんど違いはありません。

複数

Either of the books will do.
(その2冊ならどちらでもかまいません)

Either of the students may have done it.
(その2人の学生のうちのどちらかがそれをやったのでしょう)

単数

Either book will do.
(その2冊ならどちらでもかまいません)

Either student may have done it.
(その2人の学生のうちのどちらかがそれをやったのでしょう)

複数名詞	単数名詞
either of the books	either book
children	child
shops	shop

■ neither of

2つの選択肢を与えられ、でもそのどちらも気に入らなかったり、選びたくない場合は、neither を使います。either の場合と同じように、複数名詞を使う場合には「**neither of + the +複数名詞**」となります。

複数

Neither of the students is very intelligent.
(どちらの学生も、とても優秀というわけではない)

Neither of the pens works.
(そのペンはどちらも使えません)

Neither of the houses is suitable.
(どちらの家もしっくりきません)

単数

Neither student is very intelligent.
(どちらの学生も、とても優秀というわけではない)

Neither pen works.
(そのペンはどちらも使えません)

Neither house is suitable.
(どちらの家もしっくりきません)

■ each of

グループの中のひとりひとりに焦点を当てる場合、each を使います。either や neither と同じように、複数名詞を使う場合は of と the が必要です。主語が each の場合は複数扱いしませんので、単数形に対応する動詞が使われます。単数名詞には、単に each を使います。

複数

Each of the children was given an apple.
(どの子もリンゴを1個ずつもらった)

Each of the hens laid an egg.
(どのニワトリも卵を1個生んだ)

Each of the students was punished.
(どの学生も罰せられた)

単数

Each child was given an apple.
(どの子もリンゴを1個ずつもらった)

Each hen laid an egg.
(どのニワトリも卵を1個生んだ)

Each student was punished.
(どの学生も罰せられた)

■ none of

どんな人や場所や物も除外することを強調する場合には、「none of + the + 複数名詞」が使われます。単数名詞はnoneと一緒には使えません。

None of the employees received a raise.
(どの雇用者の給料もアップされなかった)

None of the students did his homework.
(どの生徒も宿題をやってこなかった)

None of the tables was clean.
(どの食卓も片づけられてはいなかった)

■ all / all of

すべての人やすべての物を含めようとする場合には、all や all of を使いますが、ふつう、**all や all of は後に the** を伴います。

All the boys arrived early.
(少年は全員、早く着いた)

We gave candy to **all the children**.
(私たちはその子供たちみんなにキャンディーをやった)

All the houses on that street have green doors.
(その通りに建っている家のドアはすべて緑色だ)

強調する場合には、「**all of + the +複数名詞**」のかたちを使います。この場合、集合体のすべてが例外なくということです。

All of the boys arrived early.
少年たちは全員、早く着いた。(遅れた少年は1人もいなかった)

We gave candy to **all of the children**.
私たちはその子供たちぜんぶにキャンディーをやった。(キャンディーをもらわない子は1人もいなかった)

All of the houses on that street have green doors.
その通りに建っている家のドアはすべて緑色だ。(赤や黄色のドアの家は一軒もない)

「**all +(無冠詞)複数名詞**」のかたちは、メッセージ、伝達事項を伝える書き方に見られます。

All soldiers are to report for duty.
(すべての兵隊は任務について報告すること)

All students must take the exam to qualify.
(すべての学生は資格を得るために試験を受けること)

All packages are to be inspected.
(すべての包みは検査を必要とする)

All aliens must report to the immigration office.
(外国人はすべて入国管理局に申し出ること)

集合体の個々についてではなく全体のことを意味する場合は冠詞不要です。

All large cities have crime problems.
大都市はみな、犯罪の問題を抱えている。(例外なくすべて)

All the cities of Japan are very crowded.
日本の都市はどれも、非常に人が多い。(都市は日本に限定されている)

All rats carry disease.
ネズミはみな、病気を持っている。(例外なくすべて)

All the rats in that laboratory were killed by a strange disease.
その研究室のネズミはみんな、奇妙な病気で死んだ。(その研究室にいたネズミに限定されている)

■ both / both of

同等の2人の人や2つの物について話すときは「**both/both of ＋(無冠詞)複数名詞**」というかたちをとります。

Both boys came to my house.
(どちらの少年も私の家に来た)

Both boxes are too heavy to lift.
(どちらの箱も、持ち上げるには重すぎる)

Both cows give lots of milk.
(どちらの牛も乳をたっぷりと出す)

強調したいときや、限定したい場合は the を使います。

強調 ─────

Both the boys came to my house.
(その少年たちは両方とも、私の家に来た)

限定

Both the girls in the room were wearing red dresses.
(部屋にいた少女たちは両方とも、赤いドレスを着ていた)

さらに強い強調の場合は、of と the の両方を使います。

Both of the boys came to my house.
(少年たちは両方とも、私の家に来た)

Both of the boxes in the back of the truck are very heavy.
(その箱は両方とも、持ち上げるには重すぎる)

■ most of

「**most of ＋ the ＋複数名詞**」のかたちで「特定の集合体の構成要素のほとんどすべて」の意味で使われます。

Most of the tomatoes were green.
(そのトマトはほとんど熟していなかった)

Most of the employees went home early yesterday.
(きのうはほとんどの社員が早く帰宅した)

Most of the eggs in this carton are broken.
(このボール箱の中の卵はほとんど割れている)

「**most ＋(無冠詞)複数名詞**」というかたちで使われる most は、「**ほとんどすべての**」の意味で、物や動物や人を一般論として話題にする場合に使います。

Most children love to eat sweets.
(子供はたいてい甘いものを食べるのが好きだ)

Most Japanese students study hard.
(日本人の学生はたいがいよく勉強する)

Most trains run on time.
(ほとんどの列車は時間通りに運行している)

■ some of

some は「ほんの少し」より多く、「ほとんど」よりは少ない数量を示す場合に使われます。「**some + of + the + 複数名詞**」という形で、ある特定の集団・種の集合・グループに対して使います。

Some of the apples were rotten.
(そのリンゴのいくつかは腐っていた)

Some of the girls got sick.
(その少女たちの何人かは病気になった)

Some of the chairs were knocked over.
(その椅子のいくつかはひっくり返された)

most と同じように「**some + (無冠詞) 複数名詞**」での some も、一般論として人や物について言う場合に使えます。

Some people are in favor of capital punishment.
(死刑に賛成の人もいる)

Some camels can go many days without water.
(水なしで何日も生きるラクダもいる)

Some governments do not allow their citizens to leave the country.
(国民が国を出ることを許さない政府もある)

the の代わりに所有格が使われる場合がありますが、その場合でも of が必要です。

We couldn't accept **either of** | Midori's | drawings.
| her |

みどりの絵はどちらも受け入れられなかった。(彼女の絵はどちらも受け入れられなかった)

Neither of | her | drawings was accepted.
　　　　　　　| Midori's |

彼女の絵はどちらも受け入れられなかった。(みどりの絵はどちらも受け入れられなかった)

普通名詞の所有格を使う場合は、通常 the をつけます。

We can accept **either of the girl's drawings**.
(その少女の絵はどちらも使える)

Neither of the boy's pens works.
(その少年のペンはどちらも使えない)

The veterinarian treated **each of the farmer's cows**.
(その獣医は、農夫の牛両方を手当てした)

None	**of the professor's students** passed the examination. (その教授の教え子は誰も試験に通らなかった)
Some	(何人かは通った)
Most	(ほとんど全員が通った)
All	(全員が通った)

Both of the child's parents were killed in the accident.
(その子の親は2人ともその事故で死んだ)

the の代わりに限定詞 (these、those) を使うこともできます。

We can accept **either of those drawings**.
(それらの絵はどちらも受け入れられますよ)

Neither of those pens works.
(それらのペンはどちらも使えない)

Each of those cars needs to be washed.
(それらの車はどちらも洗車する必要がある)

None of those people is waiting for you.
(それらの人たちはだれも、あなたを待っていない)

Some of those people are waiting for you.
(その人たちの何人かは、あなたを待っている)

Most of those people are waiting for you.
(それらの人たちはほとんどみな、あなたのことを待っている)

All of those people are waiting for you.
(それらの人たちはみな、あなたのことを待っている)

Both of those children are sick.
(それらの子供たちは2人とも病気だ)

Exercise 31

空欄に the か the が不要の場合はダッシュ(―)を入れなさい。最初の答え2つは解答例です。

Neither ___―___ man wanted to be the first to speak.

Neither of ___the___ boys did his homework.

1. All _____ visitors must leave the ship.

2. Some of Kumiko's _____ friends will visit her this weekend.

3. Most of _____ beer bottles in this box are broken.

4. Each _____ person must speak for himself.

5. Some _____ farms are very large.

6. Both of _____ Yumi's grandmothers live in Nagoya.

7. None of _____ company's products was accepted.

8. Some of _____ chairs in Hideyuki's office are very old.

9. Each of _____ farmer's pigs is weighed every week.

10. Most _____ mice are pests.

11. Neither of those _____ houses has a bathroom.

12. We gave 100 yen to each of his _____ children.

13. Both of her _____ parents are in Europe.

14. We can stay at either of _____ hotels.

15. The child dropped all of _____ coins on the floor.

(解答は 261 ページ)

SECTION 7

a (an) + 普通名詞・複数形

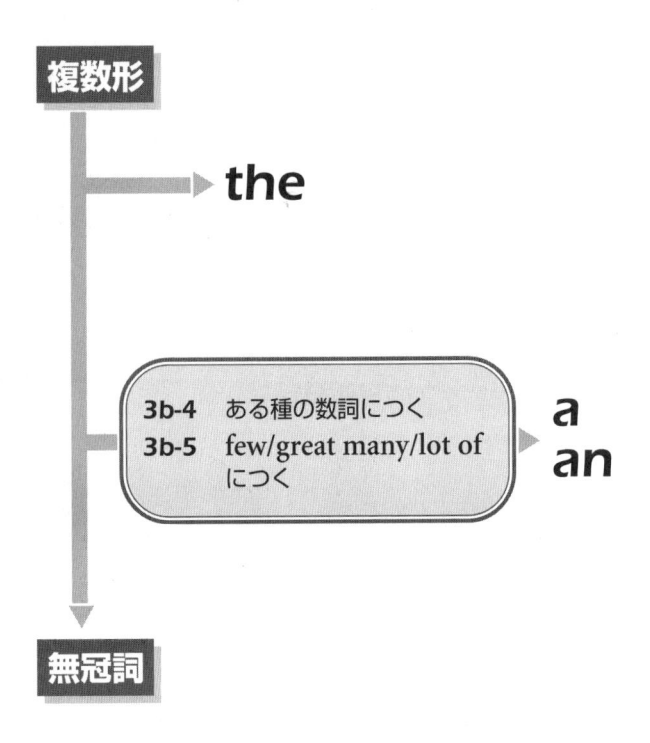

複数形

→ the

- 3b-4 ある種の数詞につく
- 3b-5 few/great many/lot of につく

→ a / an

無冠詞

STEP 3b-4　a ＋ある種の数詞

ある種の数詞は意味としては「複数」を表すにもかかわらず、a を必要とします。

He bought **a hundred pens**.
(彼は100本のペンを買った)

A thousand people attended the rally.
(1000人の人たちがその集会に参加した)

Over **a million people** live in Kuala Lumpur.
(クアラルンプールには100万人以上の人が住んでいる)

hundred、thousand、million などの数字と一緒に使われることのある a は、one の代わりです。また a は、hundred thousand (100,000)、million (1,000,000) にも使えます。a half、a third、a quarter といった分数にも a を使います。

A hundred thousand troops were massed along the border.
(10万の軍隊が国境地帯に集合した)

A million and a half people died during the war.
(150万人がその戦争で死んだ)

a はまた、形容詞的に使われる単位 (最も多く使われるのは dozen) の前につけられることもあります。

Mrs. Brown bought **a dozen eggs** at the market.
(ブラウン夫人は市場で卵を1ダース買った)

There are **a half-dozen eggs** in the basket.
(かごの中に卵が6つあります)

STEP 3b-5　a + few・great many・lot of

■ a few

次の文を見てください。

A few people left the party early.
（若干の人たちがパーティーを早めに引き上げた）

We will go to California for **a few weeks**.
（カリフォルニアに数週間行く予定です）

I'd like to buy **a few presents** for my friends.
（友人たちに贈り物をいくつか買いたいのですが）

ふつう、a は複数名詞とは一緒に使いませんが、これらの文では複数名詞と一緒に使われています。
few もまた、複数名詞と一緒に a をつけずに使うことができますが、意味は a few のときと異なります。

a few people — not many, some　（多くはない、いくらかの）

few people — almost none　（ほとんどいない）

A few people left the party early.
（若干の人たちがパーティーを早めに引き上げた）

Few people can survive for long in a desert without water.
（砂漠で、水なしに長いあいだ生きられる人はほとんどいない）

a few of は特定の集合・集団の中の少数を指すときに使います。この場合、**the**、所有格もしくは限定詞（**these**、**those** など）が **of** の後に使われます。

A few of the men in Noriko's office decided to start a chess club.
（紀子の会社では、数人の男性たちがチェスのクラブを作ることにした）

Few of the students in his class are interested in mathematics.
(彼のクラスのほとんどの生徒が数学に興味をもっていない)

A few of her flowers died.
(彼女の花は数本が枯れた)

A few of Mary's books were stolen after school.
(メアリーの本数冊が放課後盗まれた)

I would like **a few of those chocolates**.
(あのチョコレートが少し食べたい)

■ a great many

A great many people came to the wedding.
(結婚式には非常にたくさんの人が出席した)

A great many oranges were destroyed by the frost.
(その霜で非常にたくさんのオレンジがだめになった)

A great many scientists attended the international conference.
(非常にたくさんの科学者がその国際会議に参加した)

great many はふつう、「a + great many + 複数名詞」のかたちで使われます。a many oranges、a great scientists とは言えません。

a great が複数名詞 people と一緒に使われることがあります。しかしこの場合、people（人々）というのは具体的なひとりひとりの集まりではなく、1つの集合というような意味合いです。people の前には形容詞も付きます。

The Japanese are **an industrious people**.
(日本人は勤勉な国民です)

複数名詞に既出や限定の意味を持たせる場合は、「**a + great many + of the +複数名詞**」のかたちをとります。

既出

The frost severely affected the orange crop. **A great many of the oranges** had to be destroyed or fed to animals.

(霜はオレンジの収穫に深刻な影響を与えた。大量のオレンジが処分されなければならなかった)

限定

A great many of the soldiers lining the highway were carrying rifles.

(高速道路に並んでいた兵隊たちの非常に多くがライフルを持っていた)

A great many of the children in that school are brilliant.

(その学校の子供たちの多くは優秀だ)

「A of B」のかたちでは、通常 **the door**[A] **of the house**[B](その家の扉)のように「B の A」という関係になりますが、以下の成句では「a lot〔A〕of〔B〕」に見るように「A の B」となります。これは、a lot of が many に相当し、形容詞句として of の後にくる複数名詞を修飾しているからです。

- **a lot of** people (大勢の人々)
- **a number of** children (たくさんの子供たち)
- **a ton of** bricks (大量のレンガ)
- **a flock of** birds (多数の鳥)
- **a bowl of** cherries (ボウル1杯のさくらんぼ)

既出や限定の場合は、名詞の前に the がつきます。

既出

A great many people had gathered in the park to watch the fireworks. **A lot of the people** had brought picnic baskets with them.
(非常に大勢の人々が花火見物のためにその公園に集まっていた。たくさんの人がピクニック・バスケットを持って来ていた)

限定

A lot of the people in the crowd were carrying signs.
(人込みのなかの大勢の人たちがプラカードを持っていた)

A number of the cows on that farm are producing much more milk than the average cow.
(その農場の牛たちの多くは、平均的な牛よりもずっとたくさん乳を出す)

Exercise 32

文中の空欄を冠詞あるいは人称代名詞の所有格で埋めなさい。必要のない場合は、ダッシュ（─）を入れなさい。最初の答えは解答例です。

___A___ great many people turned out for the concert. (1) _____ men, (2) _____ women and (3) _____ children were sitting on the grass. (4) _____ few people had brought folding chairs, but most of (5) _____ them were sitting on (6) _____ blankets or (7) _____ mats.

(8) _____ first two singers were given (9) _____ great deal of applause. Both (10) _____ singers sang traditional Japanese songs. Next on the program was a trio that sang (11) _____ American rock songs. All (12) _____ three singers in the trio were very enthusiastic, but two members of the group forgot some of (13) _____ words to two of (14) _____ songs.

The main attraction of the evening was a famous American blues singer. Some of (15) _____ songs were very sad. (16) _____ few of (17) _____ songs were inspiring. The audience liked all of (18) _____ songs very much. Some of (19) _____ people yelled, "Bravo." A lot of (20) _____ women had tears in their eyes. Most of (21) _____ men, women and children rose to (22) _____ feet and applauded when the singer thanked them in Japanese. She then sang two (23) _____ encores.

None of (24) _____ people was disappointed by

the concert. All of (25) _____ them enjoyed themselves. They even forgave (26) _____ two singers who had forgotten (27) _____ words to their songs.

(解答は 262 ページ)

SECTION 8

a (an) + 固有名詞・単数形

単数形

- **3c-1** 集合の中の個々の構成員を指す
- **3c-2** 個々のブランド製品を指す
- **3c-3** 個々の芸術作品を指す
- **3c-4** 重要でないこと・不特定であることを示す

▶ **a an**

以下の単語を見てください。

Jim	Mt. Fuji	Miss Brown
Mr. Ogawa	Rome	Hokkaido
Japan	Tokyo University	Sony

これらは単数固有名詞です。通常、固有名詞には冠詞はつけません。ただし、例外がいくつかあります。

既出の名詞には the をつけるというルールはとても広く適用できるものですが、固有名詞の場合にはほとんど当てはまりません。「山田紀子さん」や「日本」について何度話す場合でも、冠詞がつくことはありません。しかし、普通名詞で固有名詞の代用をする場合には、普通名詞には the がつきます。

Tokyo is the capital of Japan.
(東京は日本の首都です)

The city has over 12 million people.
(その都市には1200万人以上の人が住んでいます)

固有名詞というものはそもそも限定的なものなので、限定を示すためにつける the は必要ありません。

SECTION 8

STEP 3c-1　a + 集合の中の個々の構成員

固有名詞には、通常冠詞 a はつきませんが、その集合(国、団体、クラブ、協会、スポーツチームなど)の個々の構成員を意味するときは、a をつけます。特定の哲学やカルト、理論などの信奉者について話す場合も同じです。

| He is a | **German.** (国籍)
| | **Moslem.** (宗教)
| | **Conservative.** (政治団体)
| | **Rotarian.** (協会)
| | **Tiger.** (スポーツ・チーム)
| | **Confucian.** (哲学)
| | **Freudian.** (心理学の学派)

個人名ではなく国籍や、グループ名によって個人を指す場合には、普通名詞に当てはまる冠詞ルール（特に、既出や限定のルール）が適用されます。

既出

Among the passengers on the ship were **a German** and **a Swede. The German** didn't speak any Japanese or English. **The Swede** spoke English well, but he could only speak a little Japanese.
(その船の乗客にドイツ人とスウェーデン人がいた。そのドイツ人は日本語も英語もだめで、スウェーデン人の方は流暢な英語を話すものの、日本語は少ししか話せなかった)

A Catholic and **a Buddhist** attended the Protestant meeting. **The Catholic** spoke at the meeting, but **the Buddhist** did not.
(あるカトリックと仏教の信者がプロテスタントの集会に参加した。そのカトリック教徒はその集会で発言したが、仏教徒の方はしなかった)

限定

The Rotarian from Kobe presented some interesting points at the meeting.
(神戸から来たロータリークラブの会員が、会議で興味深い点を指摘した)

I spoke to **the German** sitting next to me on the train.
(私は汽車で隣り合わせたドイツ人に話しかけた)

冠詞 a がつく固有名詞はほかにも多少あります。曜日には a がつきますが、次のように意味は違ってきます。

> He will come **on Tuesday**.
> 彼は火曜日に来る。(彼は次の火曜日に来る、という意味)
>
> He will come **on a Tuesday**.
> 彼は火曜日に来る。(彼が来るのは火曜日だが、それがどの週の火曜日なのかは分からない)

the は1週間のうちの特定の日を指す曜日の前、たとえばそれがこれから先の火曜日であっても過ぎた火曜日であっても、Tuesday という言葉の前にはつけることができます。

> He will come on **the second Tuesday** of next month.
> (彼は来月の第2火曜日に来る)
>
> He saw Mr. Sato on **the fourth Tuesday** of April.
> (彼は佐藤氏に4月の第4火曜日に会った)
>
> I will see you **the Tuesday** after next.
> (再来週の火曜日にお会いしましょう)

固有名詞の所有格＋普通名詞の場合は、無冠詞となります。

> **Keiko's sister** lives in Osaka.
> (恵子の姉は大阪に住んでいる)
>
> **Mr. Ogawa's** office is near Shimbashi station.
> (小川さんの事務所は新橋駅の近くにある)

しかし所有格となった固有名詞が個人名ではなく、集合体の中の個々の構成員を表す場合、普通名詞に適用される冠詞ルールに従います。

The official looked very carefully at **the German's passport.**
(係官はそのドイツ人のパスポートをきわめて注意深く検分した)

A Swede's car was overturned during the rioting that took place in Kabul.
(あるスウェーデン人の車がカブールで起こった暴動でひっくり返された)

The Rotarian's membership was canceled.
(ロータリークラブ会員の資格が取り消された)

A Catholic's house was bombed in Northern Ireland.
(北アイルランドで、あるカトリック教徒の家が爆破された)

「(形容詞としての)国籍・組織名など＋普通名詞」の場合は、普通名詞に通常適用されるルールに従います。

An Israeli warplane was shot down.
(イスラエルの戦闘機が撃墜された)

A Moslem mosque was destroyed in the bombing attack.
(イスラム教の寺院が爆撃で破壊された)

Japanese companies export many of their products.
(日本企業は多くの自社製品を輸出している)

The American embassy in Islamabad was taken over by a group of students.
(イスラマバードのアメリカ大使館が学生グループに占拠された)

The Catholic bishop of Nagasaki is very well liked.
(長崎のカトリック教会の司教は人々にとても愛されている)

Exercise 33

空欄に正しい冠詞を、必要がない場合はダッシュ(—)を入れなさい。最初の答え4つは解答例です。

　　　—　Jakarta is the capital of 　—　 Indonesia.

　　　—　Mr. Brown will come on 　a　 Tuesday sometime during the next two months.

1. _____ Haruko met _____ Canadian and _____ Dane on her trip to _____ Manila. _____ Canadian was very friendly, but _____ Dane hardly talked to her.

2. _____ Buddhist temple in that small town was destroyed by fire. Now there is nowhere for the Buddhists in that town to pray.

3. _____ Japanese official who stamped my passport was very courteous.

4. _____ Mr. Ogawa will go to Singapore on _____ second Thursday of next month.

5. Midori will meet her husband at _____ Shinjuku station.

6. Hiroaki has become _____ Methodist convert.

7. _____ Irishman who sang at the party had a very good voice.

8. _____ Haruko will go to Mt. Fuji with _____ German friend.

9. There are ships in the harbor from the United States, Canada and China. _____ Chinese ship has just arrived from Shanghai.

10. _____ Japanese government sent _____ Ken to London University to study economics. At first, _____ Ken had a difficult time because he found it hard to master _____ English.

11. _____ British companies do a lot of business in _____ Hong Kong.

12. Mariko is _____ Liberal Democrat.

13. Have you ever seen _____ Chinese New Year festival?

(解答は 262 ページ)

STEP 3c-2　a + 個々のブランド製品

次の語を見てください。

Sony	Suzuki	Levis
Seiko	Omega	Dior
Rolls Royce	Toyota	Nikon

これらの名前はブランド名です。よく知られたブランドの製品を指す場合、個々の製品名の代わりにブランド名で呼ぶことがよくあります（車の場合は特に多い）。

Do you have a | **Honda?** （ホンダの車をもっていますか）
| **Toyota?** （トヨタの）
| **Nissan?** （ニッサンの）
| **Ford?** （フォードの）
| **Rolls Royce?** （ロールスロイスの）
| **Volkswagen?** （フォルクスワーゲンの）

製品の種類（たとえば自動車、テレビ、カメラ、など）が具体的に示されていない場合、固有名詞は普通名詞に適用されるルールに従います。

既出

A Ford was parked outside my house.
（私の家の外にフォード車が1台、停まっている）

I noticed that **the Ford** had been there for many days.
（そのフォード車がそこに何日も停めてあることに気づいた）

限定

I know the driver of **the green Toyota**.
（そのグリーンのトヨタ車の持ち主を知っている）

限定詞 (this, that, any など) がつく場合

That Rolls Royce belongs to a movie star.
(あのロールスロイスは映画スターの車だ)

所有格

Noriko's Nissan is very old.
(紀子の日産車はすごく古い)

His Toyota was made in Canada.
(彼のトヨタはカナダ製だ)

非常によく知られた製品が同種の製品の代表となり、他のメーカーのものであってもその名で呼ばれることがあります。米国では、「ティッシュ・ペーパー」と言う代わりに「クリネックス」と言います。リーバイス製でないジーンズでも「リーバイス」と呼ぶ人が多くいます。英国では、掃除機のことを Hoover と呼びます。それどころかイギリスでは、I hoovered the rug. (じゅうたんに掃除機をかけた)などと Hoover を動詞として使ったりもします。

ソニーのようなブランド名がその場に応じてテレビ、ラジオ、コンピュータなどいろいろな製品を指すことがあります。ただしこれは、話し手がどの製品を指しているのか聞き手に分かる場合に限ります。

I have **a Sony**. (ソニー製品を持っている)

しかし、聞き手にどの製品について話しているのかはっきり示す必要がある場合は、話し手は製品の種類を限定します。

I have **a Sony VTR**. (ぼくはソニー(製)のビデオを持っている)

人を感心させようとしてブランド名を口に出す場合もあります。そのブランド品が高価なものである場合に見受けられます。

My wife wore **a Dior** to the reception.
(妻はパーティーにディオールのドレスを着て行った)

I borrowed **my brother's Mercedes Benz**.
(弟のベンツを借りた)

飲み物がブランド名で言われる場合があります。日常会話では、ブランド名にはよく a をつけます。

Would you like **a** | Coke?
| Sprite?
| Kirin?
| Heineken?
| Budweiser?

こういった飲み物について言うときはグラスや、1人用サイズのボトルや缶入りの単位で思い浮かべるのがふつうです。

酒類の場合は、ブランド名に a をつけて呼ぶことはほとんどありませんが、次のような言い方をすることはあります。

Would you like **a** | **whiskey?** (ウイスキーはお好きですか？)
| **brandy?** (ブランデーは…)
| **gin and tonic?** (ジントニックは…)
| **rum and Coke?** (ラム・アンド・コークは…)

酒類をブランド名で言うときには、次のように言います。

Would you like | **Johnny Walker?**
(ジョニー・ウォーカーはお好きですか？)
| **Bacardi?** (バカルディは)
| **Chivas Regal?** (シーバス・リーガルは)

カクテルを注文する場合は a をつけて言います。

I would like a | **martini.** （マティーニをください）
　　　　　　　| **margarita.** （マルガリータを）
　　　　　　　| **manhattan.** （マンハッタンを）

ワインは、ふつうボトル入りで売られているため、ブランド名が特に指定されていなくても、指定されていても、a をつけて言うことができます。

Do you have **a good** | **rosé?** （おいしいロゼはありますか？）
　　　　　　　　　　　| **chablis?** （シャブリは？）
　　　　　　　　　　　| **vin rouge?** （赤ワインは？）
　　　　　　　　　　　| **port?** （ポートワインは？）

以下の固有名詞は集合体ではありませんが、a を必要とします。理由は「1959」という形容詞が「その銘柄の中の1つである1959年もの」という意味を与え、本来「唯一」である固有名詞を数えられるものにしているからです。(STEP 3a-12「唯一」の存在、P. 29 参照)

I want **a 1959** | **Dom Perignon.**
　　　　　　　　 | （1959年もののドン・ペリニオンがほしい）
　　　　　　　　 | **Suntory Rouge.**
　　　　　　　　 | （1959年もののサントリーの赤が）
　　　　　　　　 | **Inglenook Riesling.**
　　　　　　　　 | （1959年もののイングルヌク・リスリングが）

Exercise 34

空欄に適切な限定詞(his, her, a, the, this, that, every, each)を入れなさい。必要ない場合は、ダッシュ(—)を入れなさい。最初の答えは解答例です。

Hideyuki drives __a__ Nissan.

1. _____ Sony in the store has been discounted.

2. Midori has _____ gold Seiko.

3. Waiter, do you have _____ 1978 Mouton Cadet?

4. The meticulous auto worker personally checked _____ Toyota on his assembly lime.

5. Would you like _____ Suntory or _____ Chivas Regal?

6. _____ Honda under the tree belongs to Mr. Imamura.

7. I don't think Miss Yamaguchi is here. _____ Toyota is not in the parking lot.

8. Could you give me _____ Kleenex?

9. Last week Hideki bought _____ Nikon. Yesterday _____ Nikon was stolen.

10. The Prime Minister's wife wore _____ Dior to the reception.

(解答は 262 ページ)

STEP 3c-3　a + 個々の芸術作品

絵画や彫刻などの個々の芸術作品を指す場合、作者の名前に a をつけて、その作者の作品を意味することがあります。

This is a | **Renoir.** (これはルノワールです)
 | **Da Vinci.** (これはダ・ヴィンチです)
 | **Higashiyama.** (これは東山魁夷です)

作品を比べる場合には作者名に the が使えます。

I prefer **the Renoir** to **the Monet**.
(私はモネよりルノワールが好きだ)

既出や限定の意味を込める場合も the が使えます。

既出

Among the collection on exhibit were a Dali, a Umehara and a Warhol. **The Umehara** was the only Japanese work of art in the exhibit.
(展示されている作品には、ダリ、梅原龍三郎、ウォーホルなどがあった。梅原龍三郎は展覧会で唯一の日本人作家のものだった)

限定

The Rembrandt in the corner is Keiko's favorite.
(隅の方にあるレンブラントは恵子のお気に入りだ)

限定詞

That Rembrandt is very somber looking.
(あのレンブラントの画は陰気だ)

I don't like **either Rodin** in that museum.
(あの美術館に収蔵されているロダンの作品はどちらも好きじゃない)

珍しい楽器や家具なども、デザイナーの名前で言うことができます。

That is a | **Chippendale**. （あれはチッペンデールだ）
| **Duncan Phyfe**. （ダンカン・ファイフだ）
| **Stradivarius**. （ストラディバリウスだ）

芸術作品や文学や家具や音楽などが作られた時代の名称には、the がつくことがよくあります。

The Renaissance （ルネッサンス期）
The Baroque period （バロック期）
The Victorian period （ヴィクトリア期）
The Momoyama period （桃山時代）
The Meiji era （明治時代）

STEP 3c-4　重要でないこと・不特定であることを示す

次の会話では、個人名（名字）に a が使われています。

Mr. Ogawa: Did anyone phone while I was in the meeting?

Secretary: Mr Sato and **a Mr. Takahashi** called.

Ogawa: I'll return Mr. Sato's call. What did this Takahashi want?

Secretary: He said his company services computers. Do you want his number?

Ogawa: No, but keep it in case we need someone to repair our computers.

小川：ミーティング中に何か電話はあったかい？
秘書：はい、佐藤さんと高橋さんとおっしゃる方からお電話がありました。
小川：佐藤さんにはコールバックしよう。その高橋という人の用事は何だった？
秘書：コンピュータを扱っているとおっしゃっていました。番号はお入り用ですか。
小川：いや。でも、うちの社のコンピュータが故障したときのためにその番号は控えておいてくれ。

秘書は「佐藤さんと高橋さんとおっしゃる方からお電話がありました」と報告しています。佐藤氏については、小川氏も秘書も知っていますが、高橋という人物については、少なくとも秘書は知りませんでした。そのことが彼女の"a Takahashi"という言い方に表れています。名字に a をつけるのは、その人を知らないということ、また、とりたてて話をするほどの重要性を持ち得ない場合ということになります。
もう少し例を見てみましょう。

A Ken Tanaka was here today.
(田中健という人が今日いらっしゃいました)

You received a letter from **a Mary Smith**.
(メアリー・スミスという人からあなたに手紙がきています)

小川氏の返事のなかに、「What did this Takahashi want?(その高橋という人は何の用事だった？)」というのがありました。**人物の名前の前についているこの this という限定詞も、その人が重要でないことを意味しています。**

SECTION 8

SECTION 9
the + 固有名詞・単数形

単数形

→ **a (an)**

3c-5	人物名について重要性を示す
3c-6	形容詞とともに家族の一員を示す
3c-7	組織・団体名を構成する
3c-8	役職名・称号につく
3c-9	海洋・河川の名などにつく
3c-10	群島の名につく
3c-11	山脈の名につく
3c-12	砂漠の名につく
3c-13	船舶の名につく
3c-14	国名・地域名につく
3c-15	列車や飛行機名につく
3c-16	橋やトンネルの名につく
3c-17	ホテルや建築物名につくことがある
3c-18	新聞や宗教関連書籍・教典などにつくことがある
3c-19	歴史上の時代名につく

→ **the**

無冠詞

the は単数形の固有名詞と一緒に使われることが数多くあります。すでに、団体や国家や宗教やクラブなどの個々のメンバーが既出であったり特定されているときに、the が使われることは見てきました。ここでは、これまでとは別のケースで、the が単数固有名詞につく場合を説明します。

STEP 3c-5　重要性を示す「the ＋人物名」

the が人物名についている場合、ふつうその人物が非常に重要であることを意味します。こういった場合の the は強調の発音 [ði] になります。(STEP 3a-4, P. 45 参照)

Mr. Ogawa:	Did anyone phone this morning?
Secretary:	Yes, Mr. Sato and Mr. Ito.
Mr. Ogawa:	Was it **the Mr. Sato** who called?
Secretary:	Yes, the president of Hattori Steel.

小川：今朝誰か電話してきたかい？
秘書：佐藤さまと伊藤さまからお電話がありました。
小川：あの佐藤さんから電話があったって？
秘書：ええ、服部製鋼の社長の佐藤さまです。

この会話から、小川氏が佐藤という姓の人物何人かとビジネスをしていることがうかがえますが、その中でこの佐藤氏は、とりわけ重要であることが分かります。彼は服部製鋼の社長であり、小川氏にとってビジネス上大切な存在であることが、名前についた the から読み取れます。仮に佐藤氏が社長でなくとも重要な存在ならば、肩書きに関係なく the がつきます。この the の発音は強調を示す [ði] です。

STEP 3c-6 「the ＋形容詞＋家族の一員」

同じ家族の一員を区別するときは形容詞を使います。この場合形容詞には the がつきます。

the young Mr. Tanaka　(田中氏の息子)

the elder Suzuki　(おじいさん/お父さん/お兄さんのほうの鈴木)

数えることのできる固有名詞（国家や宗教団体、クラブや協会などの個々のメンバーなど）にはしばしば形容詞がつきます。ただし、これらの名詞は普通名詞のルールに従うため、冠詞 a もつきます。

I met **a young Canadian**.
(若いカナダ人に会った)

He was **a staunch Catholic**.
(彼は敬虔なカトリック教徒である)

She became **an avid Freudian**.
(彼女は熱烈なフロイト信奉者だ)

もちろん、既出や限定となっている場合には the が使われます。

既出

On the airplane, Keiko met a devout Moslem from Saudi Arabia and a Hindu from India. **The Moslem** had just returned from a trip to Mecca.
(飛行機で、恵子はサウジアラビアからの敬虔なイスラム教徒とインドからのヒンズー教徒と一緒になった。イスラム教徒のほうは、ちょうどメッカ巡礼の帰りだった)

限定

The old German who lives next door is very friendly.
(隣に住んでいる老齢のドイツ人は、とても愛想がよい)

ブランド名や芸術作品や家具のスタイル、といったものも数えられる固有名詞の部類です。これらは、普通名詞に適用される冠詞のルールに従います。既出や限定となっている場合は the を伴います。

I bought | **an expensive Ford.** (私は高価なフォード車を買った)
| **a Rembrandt.** (レンブラントを買った)
| **a Duncan Phyfe table.** (ダンカン・ファイフのテーブルを買った)

STEP 3c-7 「the + 組織・団体名」

組織や団体名の一部に固有名詞を含む場合、the がしばしば使われます。

■ the + 学校や大学の名前

school of ~ や university of ~ の~に固有名詞がきて学校名となる場合は、the が必要です。固有名詞が先にきて、school や university がその後に続く場合は、ふつう無冠詞です。

the がつく

The University of Maryland
(メリーランド大学)

The School of Social Research
(スクール・オブ・ソーシャル・リサーチ)

The School of Oriental and African Studies, University of London
(ロンドン大学アジアアフリカ研究所)

無冠詞

Columbia University （コロンビア大学）
Tokyo University （東京大学）
Cambridge University （ケンブリッジ大学）
St. Paul's University （セント・ポール大学）
Honcho Elementary School （本町小学校）

■ the +教会名

教会の名前の一部に宗派の名が入っている場合、ふつう the をつけます。

the Methodist Church （メソジスト教会）
the Roman Catholic Church （ローマカトリック教会）
the Baptist Church （バプティスト教会）
the Greek Orthodox Church （ギリシャ正教会）

名前に church と入らないキリスト教の宗派もありますが、その場合も the がつきます。

the Salvation Army （救世軍）
the Society of Friends （キリスト友会/フレンド会）
the Disciples of Christ （ディサイプル教会）

キリスト教でない宗教を指す場合、faith や religion という単語がよく使われます。そのフレーズには the がつきます。

the Islamic faith/religion （イスラムの信仰/宗教）
the Hindu faith/religion （ヒンズーの信仰/宗教）
the Jewish faith/religion （ユダヤの信仰/宗教）

キリスト教以外の宗派を指す場合は、無冠詞です。

Buddhism （仏教）
Islam （イスラム教）
Hinduism （ヒンズー教）
Shintoism （神道）

キリスト教関連で大きな概念を表す言葉がいくつかあります。やはり無冠詞です

Christianity （キリスト教またはその信仰）
Catholicism （カトリック教会の教義・体制・活動）
Protestantism （プロテスタント教会、その信仰、信者）

■ the + 歴史的な出来事──特に戦争や戦い

史実、特に戦争や戦いを表す場合、多くは the がつきます。

the Peloponnesian War （ペロポネソス戦争）
the French Revolution （フランス革命）
the Russo-Japanese War （日露戦争）
the War of 1812 （1812年戦争）
the Second World War （第2次世界大戦）

ただしこのルールには例外があります。World War I（第1次世界大戦）や World War II（第2次世界大戦）というかたちでは the がつきません。

■ the + 学課のコースの名前

学課のコースやクラス名（特に文学や音楽）には the がつくことがあります。

> **the** poetry of Wordsworth　（ワーズワースの詩）
> **the** novels of Dickens　（ディケンズの小説）
> **the** history of the novel　（小説の歴史）

■ the + 会社名

会社の名前にも the がつくことがあります。しかし銀行などを除けば、一般に the がつくことの方が少ないといえます。

> **The** Coca-Cola Company　（コカ・コーラ株式会社）
> **The** Boeing Company　（ボーイング株式会社）
> **The** Bank of Tokyo-Mitsubishi, Ltd.　（東京三菱銀行）

■ the + 政府の機関や省、委員会、政府関係の団体など

政府の機関や省、委員会、政府関係の団体名などには、多くの場合 the がつきます。

> **the** House of Representatives　（《米》下院 /《日》衆議院）
> **the** House of Commons　（《英》下院）
> **the** Department of the Interior　（《米》内務省）
> **the** Department of Health and Human Services
> （《米》保健社会福祉省）

the International Development Association
(国際開発協会)

the Japanese Embassy　(日本大使館)

■ the + 学説・教義や協定・条約

学説（教義）や協定（条約）には、多くの場合 the がつきます。

the Monroe Doctrine　(モンロー主義)
the Anti-Comintern Pact　(反コミンテルン協定)
the United Nations Charter　(国連憲章)
the Treaty of Kanagawa　(神奈川条約)
the Declaration of Independence　(アメリカ独立宣言)

STEP 3c-8　the + 役職名・称号

統治者や王族、宗派の指導者、政府の役人などで、個人名が出されていない場合は、the がつきます。

the Queen of England　(イングランド女王)
the Emperor of Japan　(天皇陛下)
the Prime Minister of Great Britain　(英国首相)
the President of the United States of America
(アメリカ合衆国大統領)
the Mayor of New York　(ニューヨーク市長)
the Senator from Massachusetts　(マサチューセッツ州上院議員)
the Attorney General of the United States　(米国司法長官)
the Prince of Wales　(英国皇太子)

個人名が使われている場合は無冠詞

> Queen **Elizabeth** (エリザベス女王)
> Prime Minister **Tony Blair** (トニー・ブレア首相)
> President **George W. Bush** (ブッシュ大統領)
> Mayor **Giuliani** (ギリアーニ市長)
> Senator **Hillary Clinton** (ヒラリー・クリントン上院議員)
> Prince **Charles** (チャールズ皇太子)

個人名を含む役職名、称号であっても the がつく場合があります。

> **the** Reverend Mr. Jones (ジョーンズ師)
> **the** Rt. Rev. Monsignor Ryan (ライアン大司教)
> **the** Honorable Mr. Brown (ブラウン閣下)

STEP 3c-9　the + 海洋・河川の名など

運河、川、海、海峡、湾、海洋には the がつきます。

運河

> **the** Panama Canal (パナマ運河)
> **the** Suez Canal (スエズ運河)
> **the** North Sea Canal (北海運河)
> **the** Welland Ship Canal (ウェランド・シップ運河)

河川

> **the** Nile (ナイル川)
> **the** Amazon (アマゾン川)
> **the** Thames (テムズ川)
> **the** Tamagawa (多摩川)

海

the Caspian (カスピ海)
the Sea of Japan (日本海)
the Caribbean (カリブ海)
the East China Sea (東シナ海)

海峡

the Bering Strait (ベーリング海峡)
the Hudson Strait (ハドソン海峡)
the Kii Strait (紀伊水道)
the Tsugaru Strait (津軽海峡)

湾

the Gulf of Mexico (メキシコ湾)
the Gulf of Siam (シャム湾)
the Gulf of Tonkin (トンキン湾)

海洋

the Pacific Ocean (太平洋)
the Atlantic Ocean (大西洋)
the Arctic Ocean (北極海)

湾の名前が「固有名詞＋**Bay**」となる場合は、無冠詞です。それ以外では the がつきます。

Tokyo Bay (東京湾)
Hudson Bay (ハドソン湾)
the Bay of Bengal (ベンガル湾)
the Bay of Biscay (ビスケー湾)

SECTION 9

湖の名前は無冠詞です。

> Lake Michigan （ミシガン湖）
> Lake Biwa （琵琶湖）
> Lake Geneva （ジュネーブ湖）
> Lake Ashi （芦ノ湖）

STEP 3c-10　the + 群島の名

群島の名前にはふつう the がつきます。

> **the** Hawaiian Islands （ハワイ諸島）
> **the** Channel Islands （チャネル諸島）
> **the** Marianas （マリアナ諸島）
> **the** Ryukyu Islands （琉球諸島）

1つの島ならば、通常無冠詞です。しかし、「isle of +島の名」の場合 は **the** が使われます。

> Honshu （本州）
> Maui （マウイ島）
> Luzon （ルソン島）
> Sicily （シシリー島）
> Manhattan （マンハッタン島）
> **the Isle of** Wight （ワイト島）
> **the Isle of** Man （マン島）
> **the Isle of** Capri （カプリ島）

STEP 3c-11　the + 山脈の名

山脈の名前には、通常 the がつきます。

the Urals/**the** Ural Mountains　(ウラル山脈)
the Rockies/**the** Rocky Mountains　(ロッキー山脈)
the Alps　(アルプス山脈)
the Kiso Sanmyaku　(木曾山脈)

山の場合は、無冠詞ですが、唯一 the のつくケース、"the Matterhorn"(マッターホルン)があります。

Mt. Fuji　(富士山)
Mt. Everest　(エベレスト山)
Mt. Etna　(エトナ山)
Mt. Rainier　(レーニア山)

STEP 3c-12　the + 砂漠の名

砂漠の名前には、通常 the がつきます。

the Sahara　(サハラ砂漠)
the Gobi　(ゴビ砂漠)
the Kalahari　(カラハリ砂漠)
the Great Victoria Desert　(グレートビクトリア砂漠)

STEP 3c-13　**the ＋船舶名**

船舶には、通常 the がつきます。

the Queen Elizabeth （クイーンエリザベス号）
the Titanic （タイタニック号）
the Mutsu （陸奥）
the Santa Maria （サンタマリア号）

STEP 3c-14　**the ＋ 国名や地域の名**

国名の一部として the を含む国があります。こうした国は、部分が集まって国全体を形成している場合が多く、その代表例は50州から成る the United States、またイングランド、スコットランド、ウェールズ、北アイルランド が集まった the United Kingdom、100以上の島から成る the Philippines などです。

the United States /the U.S. （アメリカ合衆国）
the United Kingdom /the U.K. （連合王国、英国）
the Philippines （フィリピン）

Republic が国名の一部となっている場合には the がつきます。

the People's Republic of China （中華人民共和国）
the Central African Republic （中央アフリカ共和国）
the Republic of South Africa （南アフリカ共和国）
the Dominican Republic （ドミニカ共和国）
the Mongolian People's Republic （モンゴル人民共和国）

アルゼンチンは The Argentine、レバノンは The Lebanon と呼ばれてきましたが、最近では冠詞 the がとれてきています。たとえばソビエト連邦崩壊後 The Ukraine が独立しましたが、これは単に Ukraine と呼ばれています。

地域の名前に the がつく例も多少あります。

> **The** Hague （ハーグ）
> **the** Bronx （ブロンクス）
> **the** Yukon （ユーコン）

STEP 3c-15　the + 列車や飛行機名

列車の名前には、ほとんどの場合 the がつきます。

> **the** Bullet Train (the Shinkansen) （新幹線）
> **the** Orient Express （オリエント急行）
> **the** Metroliner （メトロライナー）
> **the** Great South Pacific Express （南太平洋急行）

鉄道の路線名には、ほとんどの場合 the がつきます。

> **the** Yamanote Line （山手線）
> **the** Ikegami Line （池上線）
> **the** Piccadilly Line （ピカデリー線）
> **the** IRT （Interborough Rapid Transit。New York の地下鉄路線（旧会社名））

鉄道会社名には、ほとんどの場合 the がつきます。

the Baltimore and Ohio Railroad
(ボルティモア・アンド・オハイオ鉄道)

the Atchison, Topeka and Santa Fe Railway Company
(アチソン・トピーカ・アンド・サンタ・フェ鉄道)

the Grand Canyon Railway
(グランドキャニオン鉄道)

公営鉄道の名前は、多くの場合無冠詞となります。

British Rail (英国国有鉄道)
Amtrak (アムトラック)

航空会社は就航させる航路に名前をつけることがあります。この場合はふつう、the をつけます。

the China Clipper (チャイナクリパー)
the Skytrain (スカイトレイン)

機種名に a がつく場合は、その機種の1機を指すことになります。これはすでに述べた、ブランド名に関するルール (STEP 3c-2 参照) に似ています。

a Concord (コンコルド)
a 747/a Boeing 747 (ボーイング747)
an SST (Supersonic Transport の略。超音速旅客機)

航空会社の名前は、ほとんどの場合無冠詞です。

Japan Airlines (日本航空)
Malaysian Airlines (マレーシア航空)
British Airways (英国航空)
Singapore Airlines (シンガポール航空)

STEP 3c-16　the + 橋やトンネルの名

橋やトンネルは、ほとんどの場合 the がつきます。

the Golden Gate Bridge　（ゴールデンゲートブリッジ、金門橋）
the Brooklyn Bridge　（ブルックリン橋）
the Megane Bridge　（めがね橋）
the Lincoln Tunnel　（リンカーン・トンネル）
the Kanmon Tunnel　（関門トンネル）

STEP 3c-17　the + ホテル名や建造物名

ホテルには、多くの場合 the がつきます。

the Ritz Hotel　（リッツ・ホテル）
the Waldorf Astoria　（ウォルドーフ・アストリア）
the Algonquin　（アルゴンキン）
the Plaza Hotel　（プラザ・ホテル）

ただし、チェーンになっているホテルでその1つを指す場合、またモーテルや安いホテルの場合は特に a を使います。

I stayed at **a** Motel 8 when I went to Vancouver.
（バンクーバーに行ったときはモーテル8に泊まりました）

大規模な建造物にはふつう the がつきます。

the Empire State Building　（エンパイアステートビルディング）
the World Trade Center　（ワールドトレードセンター）
the Chrysler Building　（クライスラー・ビルディング）

英国には、名前に House とつく建物が数多くありますが、House がつく場合は無冠詞です。

 Government House　(英国植民地の総督公邸)
 International House　(国際文化会館)
 Public House　(大衆向け酒場、パブ)
 Victoria House　(ヴィクトリア・ハウス)

STEP 3c-18　**The＋新聞や宗教関連書籍・教典など**

新聞名は、ほとんどの場合 the がつきます。

 The *Times*　(ロンドンタイムス)
 The *New York Times*　(ニューヨークタイムス)
 The *Japan Times*　(ジャパンタイムス)
 The *Asahi Evening News*　(朝日イヴニングニュース)
 The *Wall Street Journal*　(ウォールストリートジャーナル)
 The *Detroit Free Press*　(デトロイトフリープレス)
 The *Christian Science Monitor*　(クリスチャンサイエンスモニター)

雑誌名は、ほとんどの場合無冠詞です。

 Time　(タイム)
 Newsweek　(ニューズウィーク)
 Vogue　(ヴォーグ)
 National Geographic　(ナショナルジオグラフィック)
 Paris Match　(パリスマッチ)
 Sports Illustrated　(スポーツイラストレイテッド)

宗教関連の重要な本の表題などには the がつくことがあります。

the Bible （聖書）
the Koran （コーラン、イスラム教の教典）
the Talmud （タルムード、ユダヤ教の教えの集大成本）
the Vedas （ヴェーダ、ヒンズー教最古の聖典）
the Masora （マソラ、ヘブライ語旧約聖書の校訂本）
the Book of Mormon （モルモン教教典）

小説やノンフィクションのタイトルには、a、the、無冠詞のいずれも使われます。

the がつくもの

***The** Grapes of Wrath* 『怒りのぶどう』
***The** Catcher in the Rye* 『ライ麦畑でつかまえて』
***The** Old Man and the Sea* 『老人と海』

a のつくもの

***A** Midsummer Night's Dream* 『真夏の夜の夢』
***A** Dog of Flanders* 『フランダースの犬』
***A** Tale of Two Cities* 『二都物語』

無冠詞のもの

Oliver Twist 『オリバー・ツイスト』
Wuthering Heights 『嵐が丘』
Murder on the Orient Express 『オリエント急行殺人事件』

◆ 英文では新聞名、雑誌名、本の題名は通常イタリック（斜体）で表記されることになっています。

SECTION 9

STEP 3c-19　the + 歴史上の時代名

歴史上の時代には the がつきます。

the Victorian age　(ヴィクトリア女王時代)
the Meiji Era　(明治時代)
the Reign of Terror　(恐怖政治時代)

芸術や音楽に関係する時代名にはほとんど the がつきます。

芸術

the Hakuho Period　(白鳳時代)
the Momoyama Period　(桃山時代)
the Baroque Period　(バロック時代)

音楽

the Gothic Period　(ゴシック)
the Classical Period　(クラシック)
the Romantic Period　(ロマンティック)

ism のつく表現形式や思想は無冠詞です。

Neoclassicism　(新古典主義)
Cubism　(キュービズム)
Dadaism　(ダダイズム)

◆ ほとんどの場合、固有名詞の単数形は無冠詞です。これまでに引用してきた多くの単語や句は例外的なものです。特に宗教団体や国家、クラブ、団体の個々のメンバー、といった数えられる固有名詞や、ブランド名には、普通名詞の冠詞ルールが当てはまります。

Exercise 35

以下の文の空欄に正しい冠詞を入れなさい。冠詞が必要でない場合は、ダッシュ（—）を入れなさい。最初の答え2つは解答例です。

1. Yoshio is a student at __—__ Tokyo University. His sister is studying in __the__ United States at _____ University of Arizona.

2. _____ Ural Mountains are in _____ Russia.

3. _____ Nile River is the longest river in _____ Africa.

4. _____ Jersey is one of _____ Channel Islands. It is famous for its breed of dairy cattle and is located in _____ English Channel.

5. _____ Mt. Everest is the highest mountain in the world. It is located in _____ Himalayas.

6. Have you ever been to _____ Kalahari Desert?

7. _____ Titanic sank on its maiden voyage in _____ Atlantic Ocean when it hit an iceberg.

8. _____ Lincoln Tunnel runs under _____ Hudson River in _____ New York.

9. _____ Dominican Republic shares the island of Hispaniola with _____ Haiti.

10. Many visitors to _____ Japan want to ride _____ Shinkansen.

11. _____ Sears Tower in Chicago is one of the world's tallest buildings.

12. _____ World Court is in _____ Hague in _____ Netherlands.

13. The trains on _____ Yamanote Line are green.

14. _____ Hideyuki stayed at _____ Econolodge in Chicago and at another one in Seattle when he was on a business trip.

15. _____ Cunard Line owns _____ *Queen Elizabeth.*

16. Many business people read _____ *Wall Street Journal* every day.

17. _____ Moslems believe _____ Koran is a holy book.

18. _____ Megane Bridge was damaged by a typhoon.

19. _____ Suez Canal was closed for a long time after _____ Six-Day War.

20. _____ Prime Minister Blair met with _____ President of _____ United States.

21. The tides of _____ Bay of Fundy in Canada often reach 20 meters.

22. Keiko is spending the weekend at _____ Lake Biwa.

23. Leaders of _____ Roman Catholic Church and _____ Anglican Church met to study reunification.

24. Most countries are members of _____ United Nations.

25. After the typhoon struck _____ Ryukyu Islands, it slammed into _____ Kyushu.

（解答は 263 ページ）

Exercise 36

以下に、冠詞を必要とする固有名詞単数形が集められています。チャートを利用して、なぜ太字の冠詞が使われるのか説明しなさい。最初の2問は解答例です。

Tatsuo is **a** Methodist.

宗教団体の個々のメンバーは可算名詞扱い。

The Prince of Wales is the heir to the British throne.

個人名の使われていない称号に the はが必要。

1. I bought **a** Datsun.

   _____

2. **The** Gobi Desert is very large.

   _____

3. Emperor Bokasa was a cruel leader of **the** Central African Republic.

___

4. A Ford and a Datsun were involved in an accident. **The** Ford was badly damaged, but **the** Datsun only had a few scratches.

___

5. World War I ended with the signing of **the** Treaty of Versailles.

___

6. **The** Panama Canal was a great engineering accomplishment.

___

7. Many foreigners stay at **the** New Otani in Tokyo.

___

8. *The Times* is a greatly respected newspaper.

___

9. **The** Amazon is located in South America.

___

10. Keiko visited **the** Hawaiian Islands last year.

_____

11. Many Europeans go skiing in **the** Alps.

_____

12. Did you meet **the** Michael Jackson?

_____

13. **The** Golden Gate Bridge is one of the longest bridges in the world.

_____

14. ***The** Andrea Doria* sank after it collided with another ship.

_____

15. **A** Mr. Sato phoned.

_____

16. You should take **the** Shinkansen to Kyoto.

_____

17. During **the** Tokugawa period, the Japanese people had little contact with the rest of the world.

_____

18. **The** Baptist Church is very strong in the southern part of the United States.

　　_____

19. We rode **the** Metroliner from Washington to New York.

　　_____

20. **The** Koran is the sacred book of the Moslems.

　　_____

　　　　　　　　　　　　　　　（解答は 263 ページ）

SECTION 9

SECTION 10 無冠詞の固有名詞・複数形

複数形

- **3d-1** 限定されない集合の構成員
- **3d-2** 集合の構成員全体を指す場合
- **3d-3** 限定詞・所有格がつく場合
- **3d-4** which や whose がつく場合
- **3d-5** 数詞がつく場合
- **3d-6** ファースト・ネームの複数形
- **3d-7** 曜日の複数形

無冠詞

固有名詞は原則として複数形にはなりませんが、いくつかの例外があります。その主なものをあげますと、集合(国、宗教、協会、団体、クラブなど)の構成員を指す場合、特定の哲学や心理学や経済理論などの信奉者を指す場合、家族を1つの単位としてとらえる場合などとなります。これらは**普通名詞の冠詞ルールが適用されます**。

STEP 3d-1 限定されない集合の構成員やブランド製品は無冠詞

限定されていない場合を次の例文で見てみます。

There were **Swedes** on board the ship.
(その船にはスウェーデン人たちが乗っていた)

この文章では、船に乗っている人々は国籍こそ限定されていますが、他には何の情報もありません。その意味で彼らは不特定の人々です。限定をする場合には、たとえば次のように言う必要があるでしょう。

The Swedes on board the ship were very friendly.
(その船に乗っていたスウェーデン人たちはとても友好的だった)

ここではその船に乗り合わせているスウェーデン人に意味を限定しているわけですから、限定の場合に必要な the が使われています。もちろん、彼らについて再度言及するときは、the をつける必要があります。

There were **Swedes and Danes** aboard the ship. **The Swedes** frequently spoke to us, but **the Danes** didn't.
(スウェーデンの人たちとデンマークの人たちがその船に乗っていた。スウェーデン人はわれわれによく話しかけてきたが、デンマーク人は話しかけてこなかった)

ではもう一度限定がない場合とある場合を確認してみます。

Germans live in that house.
(あの家にはドイツ人たちが住んでいる)

この文では、「家」を特定しているので、そこに住む Germans も特定され、従って the がつくべきだと感じるかもしれませんが、ここでは彼らの国籍が German であるという限定はされているものの、その他には世界のいたるところに住んでいるドイツ人と何ら変わりはありません。しかし、次の文では、German は他の場所に住んでいるドイツ人ではなく、「その家のドイツ人」という限定がなされています。

The Germans in that house are very friendly.
(あの家に住んでいるドイツ人はとても友好的だ)

固有名詞であるブランド名が無冠詞で複数形になっている場合、そのブランドの製品が複数あることを示しています。

That auto dealer sells **Toyotas** and **Fiats**.
(あの自動車ディーラーはトヨタとフィアットを扱っている)

There is a good assortment of **Seikos** and **Omegas** in that store.
(あの店では、セイコーとオメガの製品が各種よく取り揃えてある)

以下、無冠詞で複数になる固有名詞を参考までに挙げておきます。

Catholics (カトリック教徒)

Rotarians (ロータリークラブのメンバー)

Freudians (フロイド学説の信奉者)

Existentialists (実存主義者)

Keynesians (ケインズ学派の人々またその学説の信奉者)

STEP 3d-2 集合や組織の構成員全体を指す場合は無冠詞

次の文を見てください。

Moslems do not eat pork.
(イスラム教徒は豚肉を食べない)

Americans are very friendly.
(アメリカ人はとても友好的だ)

Freudians are very concerned with the childhood experiences of their patients.
(フロイト派は、患者の子供時代の経験を非常に重要視する)

Rotarians often perform services to aid their communities.
(ロータリークラブの会員は、自分たちの所属するコミュニティーへの奉仕活動をよくおこなっている)

属する国、宗教、クラブのメンバー、あるいは哲学や思想の信奉者などを個別にではなく、全体としてとらえる場合は、固有名詞複数形は無冠詞となります。
ブランド名や曜日もこれと同じルールに従います。

Toyotas are good cars. (トヨタ車は優秀だ)
He comes on **Tuesdays**. (彼は毎週火曜日に来る)

ただし家族の全員を指す場合には、the をつけます。

The Tanakas live in that house.
(田中さん一家はあの家に住んでいる)

The Yasudas held a family reunion.
(安田さんの家族は親族懇親会を催した)

STEP 3d-3　限定詞や所有格がつく場合は無冠詞

限定詞（these、those、some など）が固有名詞複数形の前についている場合、冠詞は使われません。

Many Mexicans are Catholics.
（メキシコ人は多くがカトリック教徒だ）

All Rolls Royces are expensive.
（ロールス・ロイスはどれもみな高価だ）

Some Italians live in England.
（イギリスに住んでいるイタリア人もいる）

These Omegas are very expensive.
（これらのオメガ（の時計）は非常に高価だ）

所有格が使われている場合、固有名詞複数形は無冠詞です。ただしこのような文は、きわめてまれです。

People should have **their Toyotas** serviced frequently by authorized mechanics.
（トヨタ車をお持ちの方は専門のメカニックに頻繁に点検をしてもらうことをおすすめします）

Hideyuki's two Seikos were both being repaired.
（秀之のセイコーは2つとも修理してある）

STEP 3d-4　which や whose がつく場合は無冠詞

特に疑問文で、which や whose が固有名詞複数形の直前に来る場合がときどきあります。

Which Russians were involved in the spy scandal?
（スパイ疑惑に関与していたロシア人はどちらでしたか）

Which Fords were recalled by the company?
(メーカーが回収したのはどちらのフォード車でしたか)

Whose Toyota is that outside?
(外にあるあのトヨタ車は誰のですか)

STEP 3d-5　数詞がつく場合は無冠詞

数詞が固有名詞複数形についている場合、冠詞は必要ありません。

Three Kenyans entered the room.
(3人のケニヤ人が部屋に入って来た)

Two Catholics attended the Protestant meeting.
(2人のカトリック教徒がプロテスタントの集会に参加した)

ただし、既出や限定を示す場合、数字がついていても the が必要になります。

既出

Two Catholics and three Jewish leaders attended the Protestant meeting. **The two Catholics** had attended other meetings, but **the three Jewish leaders** were attending for the first time.
(2人のカトリック教徒と3人のユダヤ教の指導者がプロテスタントの集会に参加した。その2人のカトリック教徒は他の集会にも参加したことがあったが、その3人のユダヤ教の指導者たちは今回が初めてだった)

限定

The three Kenyans who entered the room were wearing army uniforms.
(部屋に入ってきた3人のケニヤ人は、軍服を身に着けていた)

STEP 3d-6 ファースト・ネームの複数形は無冠詞

同じファースト・ネームが何人かいる場合、その名前には冠詞をつけず複数形にすることができます。

There are **three Georges** in Bill's class.
（ビルのクラスにはジョージが3人いる）

しかし、その同名の人間が**既出および限定となったとき**は、**the をつけます**。

既出

The three Georges are all studious.
（その3人のジョージは3人とも勉強家です）

限定

The three Georges in Bill's class are all studious.
（ビルのクラスのその3人のジョージは3人とも勉強家です）

STEP 3d-7 曜日の複数形は無冠詞

曜日は無冠詞で複数形にすることができます。

He comes on **Tuesdays**.
（彼は火曜日ごとにやって来る）

Hideyuki works not only on weekdays but also on **Saturdays** and **Sundays**.
（秀之は平日ばかりでなく、土日もすべて働いている）

ただし、「月」の名前は複数形になりません。たとえば He comes every April. とは言いますが、He comes in Aprils. とは言いません。

SECTION 10

SECTION 11

a + 固有名詞・複数形

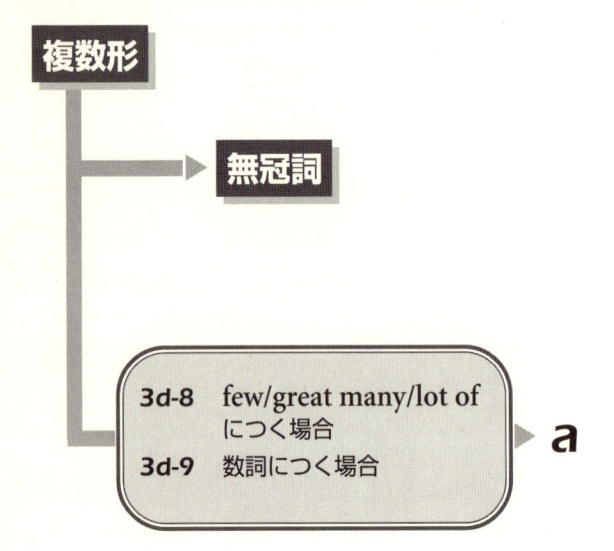

複数形
 → **無冠詞**

 → **a**
- **3d-8** few/great many/lot of につく場合
- **3d-9** 数詞につく場合

不定冠詞 a が固有名詞の複数形につくことはまったくと言ってよいほどありませんが、わずかな例外があります。

STEP 3d-8　a + few・great many・lot of

冠詞 a が few や great many などを伴って固有名詞の複数形に使われることがあります。

There are **a few Germans** living in that part of Tokyo.
(東京のその地区には、数人のドイツ人が住んでいる)

There are **a great many Moslems** in Lebanon.
(レバノンには非常に多くのイスラム教徒が住んでいる)

A lot of Americans were invited to the party.
(大勢のアメリカ人がそのパーティーに招かれていた)

STEP 3d-9　a + 数詞：a dozen、a hundred、a thousand、a million

ある種の数詞が a を伴って固有名詞の複数につく場合があります。

A dozen Israelis capture the outpost.
(12人のイスラエル人が前哨地点を占拠している)

A hundred Moslems waited three days for a plane to Mecca.
(100人のイスラム教徒たちは3日間、メッカへ向かう飛行機を待ちつづけた)

Over **a thousand Rotarians** gathered for the annual meeting.
(1000人を超えるロータリークラブの会員たちが、年次総会のために集まった)

Nearly **a million Toyotas** were sold in the United States last year.
(昨年は米国で100万台近くのトヨタ車が売られた)

SECTION 12

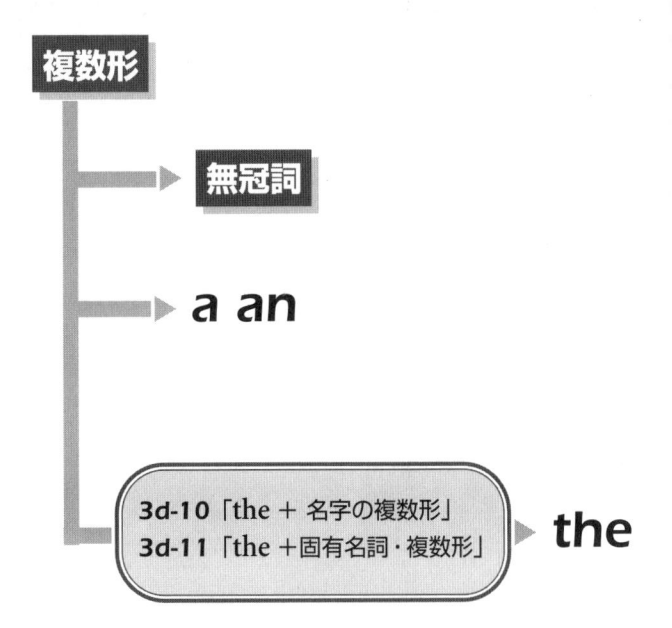

the + 固有名詞・複数形

複数形
- 無冠詞
- a an
- the
  - **3d-10**「the + 名字の複数形」
  - **3d-11**「the +固有名詞・複数形」

the が固有名詞の複数形につく場合は、集合体の個々の構成員ではなく、その集合体の全体を1つの単位として扱っていることを意味します。

STEP 3d-10 「the ＋ 名字の複数形」

「the ＋名字の複数形」は一家族あるいは家族のうちの何人かを意味します。

The Tanakas are on vacation.
(田中さん一家は休暇中です)

The Smiths live in that house.
(スミス氏一家はあの家に住んでいる)

家族のうちの何人かを指すケースでは、たとえば、5人家族の田中さん一家から3人があるパーティーに参加していて、その3人がパーティーを去ったといった状況で次のような言い方が可能となります。

The Tanakas have left already.
(田中さんたちはもう帰ってしまった)

STEP 3d-11 「the ＋固有名詞・複数形」

「the ＋固有名詞・複数形」で集合全体を表すことがあります。その典型的な例が山脈や群島です。

the Alps (アルプス山脈)
the Andes (アンデス山脈)
the Rocky Mountains (ロッキー山脈)

the Appalachians (アパラチア山脈)
the Japan Alps (日本アルプス)
the Celebes (セレベス島)
the Philippines (フィリピン群島)
the Hawaiian Islands (ハワイ諸島)
the Kuriles (千島列島)

形容詞につく冠詞

冠詞が形容詞自体につくことがあります。これは、形容詞が修飾する名詞が話し手と聞き手の両方に了解されているために省略され、形のうえでは冠詞が形容詞についているように見えるわけです。以下に冠詞省略の例文を挙げます。

Midori: Would you like some more tea?
Junko:　Yes, **a little**.

みどり：お茶をもう少しいかが
淳子：　ええ、じゃ少しだけ。

この会話で、淳子の答えを省略しなければ、Yes, I would like a little more tea. となります。a little は不可算名詞である tea の量を示しています。

では、次の例を見てください。

There is a big gap between **the rich** and **the poor**.
（金持ちと貧乏人のあいだには大きな隔たりがある）

The elderly are not always wiser than **the young**.
（年輩の人が若者より賢いとは限らない）

話し手が rich people と poor people、young people と elderly people について話していることは分かっています。形容詞についた "the" は、people が人々全般を指すのではなく、特定の人々を指していることを示す限定の役割をもっています。

実力診断テスト

巻末に用意しましたこれらのテストは実力や学習効果を知るためのものです。解答を記入する際、本書を学習した後に最終的なテストとして用いる場合以外は、この問題用紙に答えを直接書き込まず、別紙を用意して書き込むようにしてください。別紙に記入した答えを最終的なものと比べることにより、学習効果を直接確かめることができます。

PART 1

■ 実力診断テスト 1

空欄に a、an、the のいずれか、あるいは冠詞の代わりに人称代名詞の所有格を入れなさい。何も必要でない場合は、ダッシュ（—）を入れること。

解答例

__A__ ball hit Tatsu in __the__ head. Luckily, __the__ ball was full of __—__ air and not __—__ stones, so __his__ head was not hurt.

Midori Uses Her Head

Midori was preparing lunch when (1) _____ doorbell rang. She turned down (2) _____ gas under (3)

_____ soup, closed (4) _____ refrigerator door and went to answer (5) _____ front door. (6) _____ salesman had already opened (7) _____ door, and (8) _____ Midori was shocked. "Why have you entered (9) _____ house?" she asked crossly.

"I'm sorry madam," he said, "I thought (10) _____ bell wasn't working properly."

"I don't like strangers entering (11) _____ house without my permission," Midori replied. "What do you want?"

(12) _____ salesman was surprised that (13) _____ this woman was so angry. "Uh, uh….," he started to say, "I've got (14) _____ new model vacuum cleaner here that many women are raving about. It's called Easyvac. I would like to demonstrate this model for you."

Midori was about to say, "No, no, I don't need (15) _____ it," but she reconsidered. "Do you want to demonstrate (16) _____ vacuum cleaner?" she asked.

"Yes, I do." he replied.

"Oh, OK. I'd like to know how well (17) _____ vacuum cleaner works. My living room carpet is

(18) _____ quite dusty, and (19) _____ husband spilled some sugar on it last night."

"No (20) _____ problem," (21) _____ salesman said. "(22) _____ vacuum cleaner will pick up all (23) _____ dirt and (24) _____ sugar."

"Good. (25) _____ living room is through that doorway. (26) _____ only plug is over there in (27) _____ corner of (28) _____ room. Would you mind starting while I go check (29) _____ oven?"

"No, not at all," (30) _____ salesman replied. "I will be happy to vacuum (31) _____ carpet in (32) _____ living room," he added.

"If you don't mind," said Midori sweetly as she started walking toward (33) _____ kitchen, "would you also (34) _____ vacuum (35) _____ hall beyond (36) _____ living room door?"

(37) _____ salesman looked at her strangely, but she had already turned (38) _____ back on him. He shrugged (39) _____ shoulders as he plugged (40) _____ vacuum cleaner into (41) _____ wall.

Midori giggled as she hurried toward (42) _____ kitchen.

正解：42問中　　　問

（解答は 265 ページ）

■ 実力診断テスト 2

空欄に適切な冠詞を入れて文章を完成させなさい。冠詞が不要の場合はダッシュ（―）を入れなさい。

1. _____ cat has been domesticated for thousands of years.

2. Hideyuki had _____ cold; so he couldn't go to the office.

3. _____ whale is the largest mammal in the world.

4. Juliana used to be _____ place to go in Tokyo for disco lovers; now The Lexington Queen is _____ place.

5. What is _____ spelling for that word?

6. Mariko grabbed her sister by _____ hair when her sister said she was getting fat.

7. Nobuo had _____ chickenpox several weeks ago.

8. My sister is a very good musician. She can play classical music by _____ ear.

9. Noriko asked Aiko if she had made the scarf by _____ hand.

10. Ken was caught in the rain and was soaked to _____ skin.

11. Tokyo Department Store pays its employees by _____ hour.

12. Grapes are sold by _____ bunch.
13. She will leave in _____ morning.
14. At _____ noon, all the students left school.
15. Akira put some _____ sugar on the table. Then he dumped _____ huge tablespoonful of it into his coffee. He said that _____ sugar tasted good in _____ coffee.
16. The teacher didn't know _____ which boy threw the paper airplane at him.
17. His mother had _____ cancer, and the doctors didn't expect her to live.
18. What _____ beautiful day it is!
19. There is _____ hair in my soup. Please take it out.
20. _____ war is always destructive.
21. What _____ day is it?
22. Do you like to play _____ golf?
23. She has _____ black hair.
24. I couldn't go to Afganistan last year because _____ war was going on there.
25. _____ lightning was fierce last night.
26. Shall we have _____ dinner tomorrow night
27. Many people are afraid of _____ lightning.

正解：30問中　　　問

（解答は 265 ページ）

■ 実力診断テスト 3

以下の文を、カッコ内の単語を使い、また他に単語が必要な場合はそれを補って文章を完成させなさい。

解答例

The table was in (middle/room)
The table was in the middle of the room.

1. Did you speak to (operator/telephone)?

   _____

2. Keiko went to (house/Reiko).

   _____

3. (chair/seat) was dirty.

   _____

4. (drawer/desk) was difficult to open.

   _____

5. (Mr. Imamura's house/door) is painted purple.

   _____

正解：5問中　　　問

（解答は266ページ）

■ 実力診断テスト 4

空欄に適切な冠詞あるいは人称代名詞の所有格を入れて文章を完成させなさい。必要のない場合はダッシュ（―）を入れなさい。最初の答え2つは解答例です。

　　__A__ great many people turned out for __the__ concert. They were sitting on (1) _____ grass. (2) _____ few people had brought folding chairs, but most of them were sitting on (3) _____ blankets or (4) _____ mats.

　(5) _____ first two singers were given (6) _____ great deal of applause. Both (7) _____ singers sang traditional Japanese song. Next on the program was a trio that sang (8) _____ American rock songs. All (9) _____ three singers in the trio were very enthusiastic, but two members of the group forgot some of (10) _____ words to two of (11) _____ songs.

　(12) _____ main attraction of the evening was (13) _____ famous American blues singer. Some of (14) _____ songs were very sad. Most of (15) _____ songs were inspiring. Some people yelled, "Bravo." (16) _____ lot of women had tears in (17) _____

eyes. Most of (18) _____ people gathered there rose to (19) _____ feet and applauded when (20) _____ singer thanked them in Japanese. She then sang two encores.

(21) _____ audience enjoyed the concert very much. They even forgave (22) _____ two singers who had forgotten (23) _____ words to their songs.

<u>正解：23問中　　　問</u>
(解答は 266 ページ)

PART 2

以下の文は全ての冠詞が抜けています。解答例にならい単語を補って正しい文にしなさい。最初の答えは解答例です。

TRAINS OF TOMORROW

Because of its extremely dense population and total reliance on outside sources for hydrocarbon energy, Japan early recognized **the**⌃ need to improve its rail transport to conserve energy and to reduce pollution. Japan Railways launched new era of railroads in 1964 when its famed bullet train (known as Shinkansen in Japan) went into operation between Tokyo and Osaka. Express trains on this route are able to complete 500-kilometer run between two cities in slightly over three hours, averaging 208 kph. Trains are now fully computerized; operators are needed only to start trains, to stop at stations, and to open and close doors. Even though most of these functions could be automated as well, they haven't been for psychological reasons.

Newer high-speed lines, using techniques developed

in construction of Shinkansen Line, are being built throughout Japan. In 1990s, most parts of Japan were connected by high-speed trains—even northern island of Hokkaido. To hook Hokkaido into network, world's longest underground rail tunnel (50 kilometers) had been constructed 100 meters below surface of Pacific Ocean. More than $200 million was spent on this 20-year project.

Toward close of this century, wheel-less trains suspended by magnetic forces or air began to make their appearances and changed rail transport drastically. Prototypes of these trains have been developed in Japan, France and Germany. According to Kunio Miyazaki, formerly deputy director of development department of Japan Railways, magnetically levitated transportation opens various possibilities depending upon kinds of linear motors utilized and methods of levitation used. But basically, magnetic levitation (maglev) trains are floated several centimeters above guideway through use of magnetic force.

As with other high-speed trains, Japan is leading way in development of mag-lev trains. Japan Air Lines exhibited mag-lev train, referred to as HSST, at both Tsukuba Expo '85 in Tsukuba, Japan and at Transport Expo in Vancouver, British Columbia, Canada. For first time, general public had opportunity to experience riding train of future. Although JAL's HSST is one of mag-lev trains closest to actual passenger operation, other mag-lev prototypes are in existence. Work has been done in Germany on Transrapid 04, linear induction drive that rides on electric magnet cushion.

In France, air-cushioned train is being developed that runs on monorail-type vertical center beam. Seven-kilometer guideway has already been constructed near Orleans for Aerotrain prototype. Fans are used to lift train and to give it lateral guidance. Propeller driven by two high-powered gas turbines provides propulsion. Similar tracked air-cushioned vehicle is also under consideration in Britain. This vehicle, however, is expected to be propelled by linear induction motor. It is expected in next couple of decades that Europe will be criss-crossed by 200-passenger wheel-less trains that can move at speeds of 400 kph or more.

Even faster is rail system being touted by Robert

Salter, head of physical sciences department at Rand Corporation. Salter has plans for subterranean train that could conceivably travel from New York to Los Angeles in 21 minutes, reaching 22,400 kph.

Salter further contends that system, which he has dubbed Planetran, could eventually be hooked into similar systems in Europe, Asia and Africa through under-ocean tunnels. Science fiction film made in 1935, *Tunnel*, did explore the possibility of sub-Atlantic tunnel for trains. In 1994, tunnel had been dug under English Channel—project first proposed by Napoleon and now people can commute between London and Paris in just few hours.

Though Planetran may be decades away, advantages of system—which provides rapid transit coast to coast while eliminating or reducing ecological problems and fuel consumption—are too numerous to be dismissed out of hand. Vehicle travel along fixed guideways—although it may not be developed from currently proposed systems and surely will not be with metal rails we know today—is definitely one of most effective and efficient modes of travel for 21st century and beyond.

（解答は 267 ページ）

解答

◆ 解答について

解答には、答え合わせの便を考慮して、答えとともに答えに続く単語をカッコ内に入れてあります。正解が「the」で、それに続く単語が「dog」の場合は次のようになります。

例：**the** (dog)

また正解が1つだけではない場合は、スラッシュ（/）で複数の解答を挙げてあります。

例：**the/his** (desk)

答え合わせをして、間違ったところがあれば、本文にもどり、関連事項を復習してください。

Exercise 1

1. **A** (small boy)
2. **the** (boy)
3. **the** (money)
4. **The** (boy)
5. **the** (money)
6. **a** (newspaper)
7. **The** (boy's father)
8. **the** (money)
9. **a** (newspaper)
10. **the** (boy)
11. **a** (bottle)
12. **a/the** (newspaper)

※ 9 と 12 は同一の newspaper でないことも考えられますので、**a** も正解とします。

Exercise 2

1. **The** (boy)
2. **a/the** (red shirt)
3. **The** (umbrella)
4. **the** (umbrella)
5. **a** (trip)
6. **a** (souvenir)
7. **the** (family)
8. **a** (similar present)

Exercise 3

1. **The** (ball)
2. **C**
3. **the** (ball)
4. **the** (ball)
5. **the** (girl)
6. **C**
7. **C**

8. **A** (woman)
9. **the** (station)
10. **the** (girl)

Exercise 4

1. **The** (dog) — S

2. **The** (horse) — R
   the (automobile) — R

3. **the** (cat) — P

4. **The** (lion) — R, **the** (king) — S

5. **The** (donkey) — S, **a/the** (cart) — S

6. **the** (mouse) — P

Exercise 5

1. **R**
2. **S**
3. **P**
4. **P**
5. **P**
6. **P**
7. **S**
8. **S**
9. **P**
10. **R**
11. **S**

Exercise 6

1. **a** (hotel)
2. **the** (hotel)
3. **a** (room)
4. **the** (restaurant)
5. **the** (restaurant)
6. **the** (restaurant)
7. **the** (Japanese restaurant)
8. **the** (place)
9. **the** (place)
10. **a** (good place)
11. **the** (hotel)
12. **the** (place)
13. **the** (place)
14. **a** (train ride)
15. **the** (most famous train)
16. **the** (Bullet Train)
17. **the** (most famous train)
18. **the** (tests)
19. **the** (correct method)
20. **the** (solution)
21. **a** (good method)
22. **a** (method)
23. **a** (method)
24. **the** (method)

Exercise 7

1. **A** (hotel)
2. **A** (fad)
3. **A** (old man)
   B (policeman)
4. **B** (young otter)
   B (pool)
5. **A** (hotel)
6. **A** (place)
7. **A** (spelling)
8. **A** (hotel)
9. **A/B** (solution), **A** (correct method)

Exercise 8

1. (by) **the** (hand)
2. (in) **the** (morning)
3. (by) **the** (ear)
4. (by) — (hand)
5. (by) **the** (keg)
6. (by) — (ear)
7. (by) — (hand)
8. **the** (flu)
9. **the** (sniffles)
10. (by) **the** (skin of his teeth)
11. (to) **the** (skin)
12. (to) **the** (bone)
13. (by) **the** (kilo)
14. **the** (hives)
15. (by) **the** (hair)
16. (in) — (l00 gram weights)
17. (at) — (night)
18. (in) **the** (afternoon)
19. (by) **the** (hour)
20. **the** (mumps)
21. (by) **the** (month)
22. (by) — (heart)
23. (by) **the** (throat)
24. (on) — (foot)
25. **a/the** (pale sun)

Exercise 9

2. rice
3. nitrogen
4. corn
5. flour
7. cream
9. wheat

Exercise 10

3. jewelry
4. baggage
6. cutlery
9. clothing
11. scenery
13. luggage
14. medicine

※ 8 の people には単数形 person が存在しますので、集合名詞ではありません。

Exercise 11

1. **cutlery**
2. **C**
3. **our furniture**
4. **scenery**
5. **music**
6. **C**
7. **medicine**
8. **some fruit**
9. **baggage**
10. **C**
11. **new equipment**
12. **C**

Exercise 12

1. — (chicken)
2. — (beef)
3. — (pork)
4. **a** (large fish)
5. **the** (whole fish)
6. —/**the** (rice)
7. — (hot water)
8. — (chicken)

9. — (lettuce)
10. **the** (food)
11. — (beer)
12. — (wine)
13. — (*sake*)
14. — (whiskey)
15. — (wine)
16. — (wine)
17. —/**the** (beer)
18. — (*sake*)
19. — (whiskey)
20. **a** (lot)
21. — (lots)
22. — (some)
23. — (*sake*)
24. **the** (liquor)
25. — (rain)
26. **the** (table)
27. — (some rice)
28. — (chicken)
29. **a** (piece)
30. — (beef)
31. — (pork)
32. — (bread)
33. — (soup)
34. **a** (lot)
35. — (plenty)
36. — (some)
37. **a** (little *sake*)
38. **the** (weather)
39. **a** (lot)
40. **the** (wind)
41. **the** (*sake*)
42. — (more *sake*)
43. **a** (bit more *sake*)
44. — (his beer)
45. — (blood)
46. — (blood)
47. **the** (*sake*)
48. **the**/— (beer)
49. **the**/— (food)
50. — (*sake*).

Exercise 13

1. — (some fear)
2. **a** (baseball game)
3. — (baseball)
4. **the** (game)
5. — (thunder)
6. **a** (flash of lightning)
7. **the** (rain)
8. **the** (thunder)
9. — (no more lightning)
10. — (any fear)
11. **the** (game)
12. — (applause)
13. **the** (storm)
14. — (their applause)
15. — (baseball)
16. **the** (sport)
17. **a** (good baseball game)
18. — (tennis)
19. — (golf)
20. **a** (lot of tennis)
21. — (enough time)
22. — (lots of tennis)
23. — (less time)
24. — (golf)
25. **The** (first player)
26. **a/the** (ball)

27. —/**the** (right field)
28. **the** (second player)
29. **a/the** (ball)
30. **the/his** (client)
31. **the** (ball)
32. **a/the** (young boy)
33. — (luck)
34. **the** (baseball)
35. — (game)
36. **the** (ninth inning)
37. — (excitement)
38. **the** (air)
39. **the** (game)
40. **the** (score)
41. —/**the** (excitement)
42. **the** (first half)
43. **the** (opposing team)
44. **the** (end)
45. **the** (inning)
46. — (sadness)
47. **the** (game)
48. **a** (good game)
49. **a** (tennis)
50. — (match)

Exercise 14

1. — (construction)
2. — (unemployment)
3. **the** (national work force)
4. — (production)
5. — (agriculture)
6. — (work)
7. **the** (recession)
8. **the** (great depression)
9. **the** (movie industry)
10. — (management)
11. — (labor)
12. — (job security)
13. **a** (new era)
14. — (American industry)
15. **the**/— (U.S. society)
16. **a** (new challenge)

Exercise 15

1. **a** (difficult science)
2. — (poetry)
3. **a** (foreign language)
4. — (biology)
5. **a** (chemist)
6. **a** (famous) **piece** (of literature)
7. **a** (beautiful poem)
8. — (psychology)

Exercise 16

1. **that** (dog)
2. **every** (day)
3. **either** (the dog)
4. **or** (the cat)
5. **neither** (animal)
6. **Every/Each** (month)
7. **each** (animal)
8. **Neither** (the dog)
9. **nor** (the cat)
10. **Any** (person)
11. **either** (animal)
12. **any** (scratches)
13. **Neither/No** (animal)

Exercise 17

1. **his** (head)
2. **An old lady's** (umbrella)
3. **her** (hands)
4. **her** (child)
5. **A small boy's** (book)
6. **their** (ball)
7. **the girls'** (ball)
8. **An old man's** (cane)
9. **his** (hands)
10. **his** (feet)
11. **the old man's** (cane)
12. **his/the** (office)
13. **Hideyuki's** (office)
14. **a secretary's** (desk)
15. **the bookkeeper's** (desk)
16. **the employees'** (coats)
17. **Hideyuki's** (office)
18. **the/his manager's** (office)
19. **their** (desks)
20. **their** (lunches)
21. **the manager's** (anger)

Exercise 18

1. The door of Mary's house is painted green.
2. Hideyuki met Jim in the hotel lobby.

   or

   Hideyuki met Jim in the lobby of the hotel.
3. The seat of the chair was dirty.

   or

   The chair seat was dirty.
4. The Tanakas' house was damaged in the windstorm.
5. We climbed to the top of Mt. Fuji.
6. The center of the city is very crowded.

   or

   The city center is very crowded.
7. The desk drawer was difficult to open.

   or

   The drawer of the desk was difficult to open.
8. The windows of the old man's house are very dirty.
9. Many people go on vacation in the month of August.
10. Did you speak to the telephone operator?

    or

    Did you speak to the operator on the telephone?

Exercise 19

1. **his** (brother's wife)
2. **your** (brother)
3. **his/the** (office)
4. **his** (sister-in-law)
5. **her** (son)
6. **her/—** (daughter)
7. **their** (uncle)
8. **Hideyuki's/his** (niece)
9. **her** (new coat)
10. **her** (uncle)
11. **Hideyuki's/his** (nephew)
12. **his** (new tennis racket)
13. **his** (uncle)
14. **my** (new coat)
15. **his/Hideyuki's** (niece)
16. **a girl's** (coat)
17. **a girl's** (coat)

18. **a girl's** (coat)
19. **your brother's** (tennis racket)
20. **my** (tennis racket)
21. **Hideyuki's/his** (nephew)
22. **my** (new racket)
23. **my** (teasing)
24. **Hideyuki's/his** (niece)
25. **my brother's** (tennis racket)
26. **his** (tennis racket)
27. **his/your brother's** (tennis racket)
28. **Her/Aiko's** (mother)
29. **Aiko's/her** (mother)
30. **her/the** (club)
31. **your** (brother)
32. **his** (new tennis racket)
33. **his/Hideyuki's** (sister-in-law)
34. **your** (father)
35. **your** (hands)
36. **his** (brother)

Exercise 20
1. **what time**
2. C
3. C
4. C
5. **whose car**
6. **what a fat man**
7. C
8. C
9. **what name**
10. C

Exercise 21
1. **who** (lives upstairs)
2. **which** (the plumber fixed)
3. **whose** (husband was out)
4. **what** (damage had been done)
5. **which** (your mother gave us)
6. **which** (was still on the floor)
7. **which** (I had prepared)
8. **What** (do you want)
9. **who** (was standing there)
10. **which/who** (is very old)
11. **which** (cat was yours)
12. **which** (doesn't ring)
13. **which** (surprises many people)
14. **which** (was lost)
15. **which** (I had put on the stove)
16. **which** (was on the stove)
17. **whose** (house faces ours)
18. **which/whose** (house was on fire)
19. **which** (had filled it)
20. **which** (is across from the bakery)
21. **which** (the dog caused)
22. **What a** (racket)
23. **What** (is wrong)
24. **what** (is wrong)
25. **which** (you allow to roam)
26. **which** (bit me)
27. **who** (owned the dog)
28. **which** (the man was protecting)
29. **what** (I said)
30. **What a** (strange old man)
31. **which** (I had put the groceries)
32. **what a** (day you had)

Exercise 22

1. **the** (middle), **the** (day)
2. — (school)
3. **a** (meeting)
4. **the** (post office)
5. **the** (train station)
   a (strange hat)
   his (head)
6. — (air), — (sea)
7. — (daybreak)
8. **a** (trip)
9. **the** (entrance)
10. — (town)
11. **the** (village)
12. — (debt)
13. **his** (father's garage)

Exercise 23

1. **a** (pear)
   a (plum)
2. — (train)
   — (bus)
3. — (coffee)
   — (tea)
   — (milk)
4. — (football)
   — (soccer)
   — (rugby)
5. — (fear)
   — (uncertainty)
   — (powerlessness)
6. — (dishes)
   — (glassware)
   — (cutlery)
7. **a** (torn book)
   a (broken ruler)
   a (dry pen)
8. — (baseball)
   — (bat)
   — (glove)
9. — (cow)
   — (pig)
10. — (rain)
    — (wind)
    — (thunder)
    — (lightning)
11. **an** (old woman)
    a (very fat man)
    a (noisy child)
    a (pretty girl)
    the (old woman)
    the (fat man)
    — (noisy child)
    — (pretty girl)

Exercise 24

1. **Swimming**
2. **C**
3. **C**
4. **The shouting**
5. **Jogging**
6. **C**
7. **C**
8. **The skiing**
9. **C**
10. **Running**

Exercise 25
1. **from ear to ear**
2. **took office/will take office**
3. **face to face**
4. **see eye to eye**
5. **at heart**
6. **play house**
7. **from head to toe**
8. **set foot**
9. **man to man**
10. **cried wolf**

Exercise 26
1. **a** (headache)
2. **an** (ulcer)
3. **the**/— (hives)
4. **a** (sore throat)
5. **a** (stroke)
6. — (cigarette smoking)
   — (cancer)
7. — (acne)
8. **an** (attack)
   — (appendicitis)
9. **a** (cramp)
10. **An** (attack)
    — (colitis)

Exercise 27
1. **an** (honest person)
2. **a** (busy intersection)
3. **an** (honor)
4. **an** (apple)
5. **An** (ugly brown dog)
6. **a** (hotel)
7. **An** (enormous wave)
8. **an** (elephant)
9. **A** (hen), **an** (egg)
10. **an** (earthquake)
11. **a** (united front)
12. **an** (honor)
13. **A** (huge wave)
14. **a** (ukelele)

Exercise 28
1. **the** (lion)
   the (king)
2. **A** (boy)
   — (Noriko's house)
   the (boy's name)
   the (boy)
   the (neighborhood)
3. — (honesty)
   the (best policy)
4. — (milk)
   the (liter)
5. — (horse)
   the (race)
6. — (her mother's house)
   — (bus)
7. **the** (flu)
   a (cold)
   a (fever)
   — (illness)
   a (more serious one)
   — (typhoid)
   — (cholera)
8. — (face to)
   — (face)
   the (phone)
9. — (poultry)

- — (farm)
10. **the**/— (lightning)
    - — (thunder)
    - **the** (storm)
11. — (house)
12. **the** (airplane)
    - — (international travel)
13. — (wisdom)
    - — (age)
14. — (exercising)
15. **The** (old lady)
    - — (supermarket)
    - — (florist)
    - — (butcher shop)
16. **an** (apple)
17. — (love)
    - — (hate)
18. **The** (dove)
    a/**the** (symbol)
19. — (son)
    the (barber shop)
    The (barber)
    the (boy's hair)
20. **A** (bird)
    the (tree)
    — (window)
    — (chirping)
    the (window)

Exercise 29

1. — (peas)
2. — (carrots)
3. — (apples)
4. — (grapes)
5. **The** (potatoes)
6. **The** (onions)
7. **The** (peas)
8. **The** (carrots)
9. **The** (apples)
10. **the**/— (grapes)
11. **The** (potatoes)
12. — (onions)
13. — (peas)
14. — (carrots)
15. — (apples)
16. — (grapes)

Exercise 30

1. **C/The** (houses)
2. **C**
3. **the** (chairs)
4. **the** (oranges)
5. **many/some/several/three** (children)
6. **the** (dirty windows)
7. (allowed) **three of the boys/three boys**
8. **the** (people)

Exercise 31

1. — (visitors)
2. — (friends)
3. **the** (beer bottles)
4. — (person)
5. — (farms)
6. — (Yumi's grandmothers)
7. **the** (company's products)
8. **the** (chairs)
9. **the** (farmer's pigs)
10. — (mice)
11. — (houses)

12. — (children)
13. — (parents)
14. **the** (hotels)
15. **the** (coins)

Exercise 32

1. **The**/— (men)
2. — (women)
3. — (children)
4. **A** (few people)
5. — (them)
6. — (blankets)
7. — (mats)
8. **The** (first two singers)
9. **a** (great deal)
10. —/**the** (singers)
11. — (American rock songs)
12. — (three singers)
13. **the** (words)
14. **the/their** (songs)
15. **her/the** (songs)
16. **A** (few)
17. **her/the** (songs)
18. **the/her** (songs)
19. **the** (people)
20. —/**the** (women)
21. **the** (men)
22. **their** (feet)
23. — (encores)
24. **the** (people)
25. — (them)
26. **the** (two singers)
27. **the** (words)

Exercise 33

1. — (Haruko),
   a (Canadian), **a** (Dane)
   — (Manila)
   The (Canadian)
   the (Dane)
2. **The** (Buddhist temple)
3. **The** (Japanese official)
4. — (Mr. Ogawa),
   the (second Thursday)
5. — (Shinjuku station)
6. **a** (Methodist convert)
7. **The** (Irishman)
8. — (Haruko), **a** (German friend)
9. **The** (Chinese ship)
10. **The** (Japanese government)
    — (Ken)
    — (Ken)
    — (English)
11. — (British companies)
    — (Hong Kong)
12. **a** (Liberal Democrat)
13. **the/a** (Chinese New Year Festival)

Exercise 34

1. **Every** (Sony)
2. **a** (gold Seiko)
3. **a** (1978 Mouton Cadet)
4. **every** (Toyota)
5. — (Suntory)
   — (Chivas Regal)
6. **The** (Honda)
7. **Her** (Toyota)
8. **a** (Kleenex)

9. **a** (Nikon)
   the/his (Nikon)
10. **a** (Dior)

Exercise **35**

1. **the** (University of Arizona)
2. **The** (Ural Mountains)
   — (Russia)
3. **The** (Nile River)
   — (Africa)
4. — (Jersey)
   the (Channel Islands)
   the (English Channel)
5. — (Mt. Everest)
   the (Himalayas)
6. **the** (Kalahari Desert)
7. **The** (Titanic)
   the (Atlantic Ocean)
8. **The** (Lincoln Tunnel)
   the (Hudson River)
   — (New York)
9. **The** (Dominican Republic)
   — (Haiti)
10. — (Japan)
    the (Shinkansen)
11. **The** (Sears Tower)
12. **The** (World Court)
    The (Hague)
    The (Netherlands)
13. **the** (Yamanote Line)
14. — (Hideyuki)
    an (Econolodge)
15. **The** (Cunard Line)
    The (Queen Elizabeth [船舶の名])
16. **The** (Wall Street Journal)
17. — (Moslems)
    the (Koran)
18. **The** (Megane Bridge)
19. **The** (Suez Canal)
    the (Six-Day War)
20. — (Prime Minister Blair)
    the (president)
    the (United States)
21. **the** (Bay of Fundy)
22. — (Lake Biwa)
23. **the** (Roman Catholic Church)
    the (Anglican Church)
24. **the** (United Nations)
25. **the** (Ryukyu Islands)
    — (Kyushu)

Exercise **36**

1. よく知られたブランドの製品はブランド名でよぶことができ、通常の冠詞ルールに従う。
2. 砂漠の名には the が必要。
3. Republic が国名の一部になっている場合には、the が必要。
4. ブランド名でよばれる製品は、既出であれば the が必要。
5. 条約や協定の名には the が必要。
6. 湾の名前には the が必要。
7. ホテル名には通常 the が必要。
8. 新聞名には the が必要。
9. 河川名には the が必要。
10. 群島名には the が必要。
11. 山脈名には the が必要。
12. 重要な人物であることを示す場合には、the が必要。
13. 橋の名には the が必要。

14. 船舶名には the が必要。
15. 人物が重要でないことを示す場合には、a が必要。
16. 列車名には the が必要。
17. 歴史上の時代名には the が必要。
18. 宗派の名が教会名の一部になっている場合には、the が必要。
19. 列車名には the が必要。
20. 宗教関連書籍、教典などには the が必要。

解答―実力診断テスト PART 1

■実力診断テスト 1

1. **the** (doorbell)
2. **the** (gas)
3. **the** (soup)
4. **the** (refrigerator door)
5. **the** (front door)
6. **A** (salesman)
7. **the** (door)
8. — (Midori)
9. **my/the** (house)
10. **the** (bell)
11. **my/the** (house)
12. **The** (salesman)
13. — (this woman)
14. **a** (new model vacuum cleaner)
15. — (it)
16. **your/the** (vacuum cleaner)
17. **the/your** (vacuum cleaner)
18. — (quite dusty)
19. **my** (husband)
20. — (problem)
21. **the** (salesman)
22. **This/The/My** (vacuum cleaner)
23. **the** (dirt)
24. **the/**— (sugar)
25. **The/My** (living room)
26. **The** (only plug)
27. **the** (corner)
28. **the** (room)
29. **my/the** (oven)
30. **the** (salesman)
31. **the** (carpet)
32. **the/your** (living room)
33. **the/her** (kitchen)
34. — (vacuum)
35. **the** (hall)
36. **the** (living room)
37. **The** (salesman)
38. **her** (back)
39. **his** (shoulders)
40. **the** (vacuum cleaner)
41. **the** (wall)
42. **the/her** (kitchen)

■実力診断テスト 2

1. **The** (cat)
2. **a** (cold)
3. **The** (whale)
4. **the** (place)
   the (place)
5. **the** (spelling)
6. (by) **the** (hair)
7. **the** (chickenpox)
8. (by) — (ear)
9. (by) — (hand)
10. (to) **the** (skin)
11. (by) **the** (hour)
12. (by) **the** (bunch)
13. (in) **the** (morning)
14. (At) — (noon)
15. — (sugar)
    a (huge tablespoon)
    the/— (sugar)
    the/— (coffee)

265

16. — (which boy)
17. — (cancer)
18. **a** (beautiful day)
19. **a** (hair)
20. — (war)
21. — (day)
22. — (golf)
23. — (black hair)
24. **a/the** (war)
25. **The** (lightning)
26. — (dinner)
27. — (lightning)

■ 実力診断テスト 3

1. Did you speak to the telephone operator?
   or
   Did you speak to the operator on the telephone?
2. Keiko went to Reiko's house.
3. The seat of the chair was dirty. (or) The chair seat was dirty.
4. The drawer of the desk was difficult to open. (or) The desk drawer was difficult to open.
5. The door of Mr. Imamura's house is painted purple.

■ 実力診断テスト 4

1. **the** (grass)
2. **A** (few people)
3. — (blankets)
4. — (mats)
5. **The** (first two singers)
6. **a** (great deal)
7. (both) — (singers)
8. — (American rock songs)
9. (all) — (three singers)
10. **the** (words)
11. **the** (songs)
12. **The** (main attraction)
13. **a** (famous American blues singer)
14. **the/her** (songs)
15. **the/her** (songs)
16. **A** (lot)
17. **their** (eyes)
18. **the** (people)
19. **their** (feet)
20. **the** (singer)
21. **The** (audience)
22. **the** (two singers)
23. **the** (words)

Part 1 全問中の正解：100問中　　　問

解答—実力診断テスト PART 2

以下の文章は問題と同じ文章です。太字の冠詞は解答です。場合によっては、冠詞を入れても入れなくてもよいものがあります。そうした場合は、解答として可能なものをカッコ内に表示しました。ですから読者の解答がカッコ内のどちらかである場合には正解となります。

TRAINS OF TOMORROW

Because of its extremely dense population and total reliance on outside sources for hydrocarbon energy, Japan early recognized **the** need to improve its rail transport to conserve energy and to reduce pollution. Japan Railways launched **a** new era of railroads in 1964 when its famed Bullet Train (known as **the** Shinkansen in Japan) went into operation between Tokyo and Osaka. Express trains on this route are able to complete **the** 500-kilometer run between **the** two cities in slightly over three hours, averaging 208 kph. **The** trains are now fully computerized; operators are needed only to start **the** trains, to stop at stations, and to open and close (**the**/—) doors. Even though most of these functions could be automated as well, they haven't been for psychological reasons.

Newer high-speed lines, using techniques developed in the construction of **the** Shinkansen Line, are being built throughout Japan. In **the** 1990s, most parts of Japan were connected by high-speed trains—even **the** northern island of Hokkaido. To hook Hokkaido into **the** network, **the** world's longest underground rail tunnel (50 kilometers) has been constructed 100 meters below **the** surface of **the** Pacific Ocean. More than $200 million was spent on this 20-year project.

Toward **the** close of this century, wheel-less trains suspended by magnetic forces or air began to make their appearances and changed rail transport drastically. Prototypes of these trains have been developed in Japan, France and Germany. According to Kunio Miyazaki, formerly deputy director of **the** development department of Japan Railways, magnetically levitated transportation opens various possibilities depending upon the kinds of linear motors utilized and the methods of levitation used. But basically, magnetic levitation (mag-lev) trains are floated several centimeters above a guideway through the use of magnetic force.

As with other high-speed trains, Japan is leading the way in the development of mag-lev trains. Japan Air Lines exhibited a mag-lev train, referred to as the HSST, at both Tsukuba Expo '85 in Tsukuba, Japan and at (The) Transport Expo in Vancouver, British Columbia, Canada. For the first time, the general public had an/the opportunity to experience riding a/the train of the future. Although JAL's HSST is one of the mag-lev trains closest to actual passenger operation, other mag-lev prototypes are in existence. Work has been done in Germany on (The) Transrapid 04, a linear induction drive that rides on an electric magnet cushion.

In France, an air-cushioned train is being developed that runs on a monorail-type vertical center beam. A seven-kilometer guideway has already been constructed near Orleans for the Aerotrain prototype. Fans are used to lift the train and to give it lateral guidance. A propeller driven by two high-powered gas turbines provides propulsion. A similar tracked air-cushioned vehicle is also under consideration in Britain. This vehicle, however, is expected to be propelled by a linear induction motor. It is expected in the next couple of decades that Europe will be crisscrossed by 200-passenger, wheel-less trains that can move at speeds of 400 kph or more.

Even faster is a rail system being touted by Robert Salter, the head of the physical sciences department at Rand Corporation. Salter has plans for a subterranean train that could conceivably travel from New York to Los Angeles in 21 minutes, reaching 22,400 kph.

Salter further contends that the system, which he has dubbed the Planetran, could eventually be hooked into similar systems in Europe, Asia and Africa through under-ocean tunnels. A science fiction film made in 1935, *The Tunnel*, did explore the possibility of a sub-Atlantic tunnel for trains. In 1994 a tunnel was dug under the English Channel—a project first proposed by Napoleon, and now people can commute between London and Paris in a few hours.

Though the Planetran may be decades away, the advantages of the system—which provides rapid transit coast to coast while eliminating or reducing **the** ecological problems and fuel consumption—are too numerous to be dismissed out of hand. Vehicle travel along fixed guideways—although it may not be developed from **the** currently proposed systems and surely will not be with **the** metal rails we know today—is definitely one of **the** most effective and efficient modes of travel for **the** 21st century and beyond.

正解：65問中　　　問

著者紹介

アラン・ブレンダー（Alan S. Brender）

米国のWayne State Universityで英語学の学士号、Columbia University大学院でTESOLの修士号、Temple Universityにて教育学博士号を取得。Columbia UniversityやUCLAでは、ジャーナリズム、マスコミュニケーション、国際関係論などを研究。現在Temple University Japanで英文ライティング・プログラム他を監督、早稲田大学、杏林大学などでも英語教育にたずさわっている。冠詞の研究は20年近くにもおよび、その研究に基づきThe University of Maryland（マレーシア）やTemple University Japanで教鞭をとり、大きな成果をあげている。主な著書には、*Three Crucial Words: A Systematic Approach to Learning English*、*Effective English Resume Writing*、*Trivia Quiz*、*Introductory English Language Course*、*Guide to J. C. Literature*などがある。

訳者紹介

石井 節子（いしい せつこ）
お茶の水女子大学文教育学部卒。翻訳・編集業。

チャートでわかる a と an と the
ネイティブが作った冠詞ナビ

2001年3月9日　第1刷発行
2001年4月6日　第2刷発行

著　者	アラン・ブレンダー
訳　者	石井 節子
発行者	野間 佐和子
発行所	講談社インターナショナル株式会社 〒112-8652　東京都文京区音羽 1-17-14 電話　03-3944-6493（編集部） 　　　03-3944-6492（営業部・業務部） ホームページ　http://www.kodansha-intl.co.jp
印刷所	図書印刷株式会社
製本所	図書印刷株式会社

落丁本、乱丁本は、講談社インターナショナル業務部宛にお送りください。送料小社負担にてお取替えいたします。なお、この本についてのお問い合わせは、編集部宛にお願いいたします。本書の無断複写（コピー）は著作権法上での例外を除き、禁じられています。

定価はカバーに表示してあります。

© Alan S. Brender 2001
Printed in Japan

ISBN4-7700-2643-9

講談社ルビー・ブックス

ホームページ　http://www.kodansha-intl.co.jp

英文書がスラスラ読める「ルビ訳」

The word *rubi* (ルビ) in the phrase (成句) "*rubi* translation" (ルビ訳) is derived (由来する) from the name of a precious stone (宝石), the ruby (ルビー). European type sizes (活字) were formerly (昔は) assigned (与えられる) such fanciful (奇抜な) names, and "ruby" indicated the small size of 5.5 points. In this series, difficult English words are glossed (注釈をつける) in *rubi* so that readers can fully enjoy the book without continual (ひんぱんな) reference (参照) to a dictionary.

「ルビ訳」とは？　「わかりにくい単語・イディオム・言い回しには、ルビ（ふりがな）のように訳がつく」——これが「ルビ訳」です。疑問をその場で解決し、最後までどんどん読み進むことができます。必要なとき以外は本文に集中できるよう、実物では「ルビ訳」の部分が薄いグリーンで印刷されています。

- 文脈がつかみやすく、「飛ばし読み」「中断・再開」してもストーリーが追えます。
- 自分なりの訳が組みたてられ、読解力がつきます。
- 基本的に辞書は不要。短時間で読み終えることができます。

46判変型（113 x 188 mm）仮製

No.	タイトル	ページ	ISBN
1	ホームズの名推理・ベスト5　コナン・ドイル 著	208ページ	ISBN 4-7700-2370-7
2	老人と海　ヘミングウェイ 著	128ページ	ISBN 4-7700-2373-1
5	金田一少年の事件簿　雷祭(いかずちまつり) 殺人事件　天樹征丸 作　さとうふみや 画	144ページ	ISBN 4-7700-2447-9
6	アルジャーノンに花束を　ダニエル・キイス 著	304ページ	ISBN 4-7700-2372-3
7-①	そして誰もいなくなった　アガサ・クリスティ 著	272ページ	ISBN 4-7700-2547-5
7-②	オリエント急行殺人事件　アガサ・クリスティ 著	272ページ	ISBN 4-7700-2665-X
7-③	ABC殺人事件　アガサ・クリスティ 著	272ページ	ISBN 4-7700-2661-7
7-④	アクロイド殺人事件　アガサ・クリスティ 著	304ページ	ISBN 4-7700-2719-2
9	ティファニーで朝食を　トルーマン・カポーティ 著	128ページ	ISBN 4-7700-2377-4
10	ふしぎの国のアリス　ルイス・キャロル 著	176ページ	ISBN 4-7700-2549-1
11	シェイクスピア物語　ラム 著	240ページ	ISBN 4-7700-2559-9
12	あしながおじさん　ジーン・ウェブスター 著	176ページ	ISBN 4-7700-2597-1
13	リトル・トリー　フォレスト・カーター 著	272ページ	ISBN 4-7700-2551-3

14	グリム童話集 グリム兄弟 編	208ページ ISBN 4-7700-2605-6
15	マディソン郡の橋 ロバート・ウォラー 著	192ページ ISBN 4-7700-2624-2
16	ブラウン神父の名推理・ベスト5 チェスタトン 著	192ページ ISBN 4-7700-2625-0
17	ベスト・オブ・O・ヘンリー O・ヘンリー 著	128ページ ISBN 4-7700-2656-0
18	怪盗ルパン モーリス・ルブラン 著	256ページ ISBN 4-7700-2657-9
19	初秋 ロバート・B・パーカー 著	240ページ ISBN 4-7700-2658-7
20	夏への扉 ロバート・A・ハインライン 著	256ページ ISBN 4-7700-2660-9
21	セブン アンソニー・ブルーノ 著	256ページ ISBN 4-7700-2679-X
22	火星年代記 レイ・ブラッドベリ 著	256ページ ISBN 4-7700-2713-3
23	華麗なるギャツビー フィッツジェラルド 著	208ページ ISBN 4-7700-2714-1
24	幼年期の終り アーサー・C・クラーク 著	272ページ ISBN 4-7700-2711-7
25	さらば愛しき女よ レイモンド・チャンドラー 著	304ページ ISBN 4-7700-2722-2
26	イソップ物語	128ページ ISBN 4-7700-2691-9
27	アルマゲドン M・C・ボーリン 著	208ページ ISBN 4-7700-2425-8
28	アンナと王様 エリザベス・ハンド 著	240ページ ISBN 4-7700-2424-X
29	警官嫌い エド・マクベイン 著	240ページ ISBN 4-7700-2659-5

講談社ルビー・ブックス

シャーロック・ホームズ全集
(全14巻)

コナン・ドイル 著
小林 司・東山あかね 作品解説

8-①	緋色の研究	192ページ ISBN 4-7700-2555-6
8-②	四つのサイン	176ページ ISBN 4-7700-2581-5
8-③	ホームズの冒険 I	224ページ ISBN 4-7700-2572-6
8-④	ホームズの冒険 II	240ページ ISBN 4-7700-2573-4
8-⑤	ホームズの思い出 I	208ページ ISBN 4-7700-2550-5
8-⑥	ホームズの思い出 II	208ページ ISBN 4-7700-2574-2
8-⑦	バスカヴィル家の犬	240ページ ISBN 4-7700-2564-5
8-⑧	ホームズの帰還 I	224ページ ISBN 4-7700-2575-0
8-⑨	ホームズの帰還 II	240ページ ISBN 4-7700-2576-9
8-⑩	恐怖の谷	256ページ ISBN 4-7700-2582-3
8-⑪	ホームズの最後の挨拶 I	144ページ ISBN 4-7700-2577-7
8-⑫	ホームズの最後の挨拶 II	128ページ ISBN 4-7700-2578-5
8-⑬	ホームズの事件簿 I	208ページ ISBN 4-7700-2579-3
8-⑭	ホームズの事件簿 II	176ページ ISBN 4-7700-2580-7
8-①〜⑭	化粧箱入り 全14巻セット	ISBN 4-7700-2709-5

講談社バイリンガル・コミックス

ホームページ　http://www.kodansha-intl.co.jp

吹き出しのセリフは英語、コマの外にオリジナル版の日本語を添えた画期的なレイアウトで、原作のもつ雰囲気と面白さはそのまま。楽しく読みながら英語の勉強になる！
46判変型（113 x 188 mm）仮製

バイリンガル版 ラブひな
Love ♡ Hina　　　赤松 健 著

バイリンガル版 カードキャプターさくら
Cardcaptor Sakura　　　CLAMP 著

バイリンガル版 金田一少年の事件簿
The New Kindaichi Files　　　さとうふみや 漫画

バイリンガル版 GTO
Great Teacher Onizuka　　　藤沢とおる 著

バイリンガル版 部長 島耕作
Division Chief Kosaku Shima　　　弘兼憲史 著

バイリンガル版 あさきゆめみし
The Tale of Genji　　　大和和紀 著

バイリンガル版 天才バカボン
The Genius Bakabon　　　赤塚不二夫 著

対訳 サザエさん
The Wonderful World of Sazae-san　　　長谷川町子 著

対訳 よりぬき コボちゃん
Kobo, the Li'l Rascal　　　植田まさし 著

対訳 OL進化論
Survival in the Office　　　秋月 りす 著

対訳 ディルバートのリストラ社会 生き残り術
Dilbert　　　スコット・アダムス 著

あなたの英語が変わる 講談社パワー・イングリッシュ

TOEIC対策に最適！

ホームページ　http://www.kodansha-intl.co.jp

CDブック
英会話・ぜったい・音読
頭の中に英語回路を作る本

「勉強」するだけでは、使える英語は身につきません。スポーツと同じで「練習」が必要です。使える英語を身につけるには、読んで内容がわかる英文を、自分の身体が覚え込むまで、繰り返し声を出して読んでみることです。音読、そして筆写という、いわば英語の筋肉トレーニングを自分自身でやってみて、初めて英語の基礎回路が自分のなかに構築出来るのです。

"聴く・話す・読む・書く"の4機能をフル活用し、「読める英語」を「使える英語」に変えてしまいましょう。まずは3カ月、だまされたと思って練習してみると、確かな身体の変化にきっと驚くことでしょう。

中学3年生用の英語教科書から12レッスンを厳選して収録しました。
國弘正雄 編　千田潤一 トレーニング指導　144ページ CD (40分)付　ISBN 4-7700-2459-2

CDブック 英会話・ぜったい・音読（入門編）英語の基礎回路を作る本

中学1、2年生用の英語教科書から選び抜いた12レッスン。
國弘正雄 編　久保野雅史 トレーニング指導　千田潤一 レッスン選択
160ページ CD (25分)付　ISBN 4-7700-2746-X

CDブック 英会話・ぜったい・音読（挑戦編）

高校1年生用の教科書を使用。(2001年10月発売予定)

TOEICスコアの目安

400点	500点	600点	700点	800点

英会話・ぜったい・音読（入門編）

　　　　英会話・ぜったい・音読

　　　　　　　　英会話・ぜったい・音読（挑戦編）

講談社パワー・イングリッシュ

ホームページ http://www.kodansha-intl.co.jp

実用英語の総合シリーズ

- 旅行・留学からビジネスまで、コミュニケーションの現場で役立つ「実用性」
- ニューヨーク、ロンドンの各拠点での、ネイティブ チェックにより保証される「信頼性」
- 英語の主要ジャンルを網羅し、目的に応じた本選びができる「総合性」

46判変型 (113 x 188 mm) 仮製

1 これを英語で言えますか? 学校で教えてくれない身近な英単語

講談社インターナショナル 編　　232ページ　ISBN 4-7700-2132-1

「腕立てふせ」、「○×式テスト」、「短縮ダイヤル」、「$a^2+b^3=c^4$」……あなたはこのうちいくつを英語で言えますか? 日本人英語の盲点になっている英単語に、本書は70強のジャンルから迫ります。読んでみれば、「なーんだ、こんなやさしい単語だったのか」、「そうか、こう言えば良かったのか」と思いあたる単語や表現がいっぱいです。雑学も満載しましたので、忘れていた単語が生き返ってくるだけでなく、覚えたことが記憶に残ります。弱点克服のボキャビルに最適です。

3 アメリカ旅行「使える」キーワード 場面別想定問答集

アンドリュー・ホルバート 著　　240ページ　ISBN 4-7700-2481-9

出国から帰国まで、アメリカ旅行のすべてをカバーする一冊。「機内で快適に過ごすためのアドバイス」「入国審査と税関をスンナリ通過するコツ」から「トラブルを未然に防ぐホテルでの過ごし方」「客の要望を通させるショッピング・テクニック」「スマートな食事のとり方」「病気・盗難などのトラブル対処法」まで、滞在中にぶつかる日常会話をシミュレーションし、決め手のフレーズをわかりやすく解説。初心者でも快適な旅ができる、実用的な「ことば」と「情報」が満載!

4 ダメ! その英語[ビジネス編] 日本人英語NG集

連東孝子 著　　176ページ　ISBN 4-7700-2469-X

社長賞をもらった同僚に "You are lucky!" と言ってはダメ! 本書では、ビジネスの場面を中心に、日本人が「誤解した例」、「誤解された例」を110のエピソードでご紹介します。本書の随所で、「えっ、この英語なぜいけないの?」「この英語がどうして通じないの?」と気付く自分を発見することでしょう。日本人英語のウイークポイントが克服できます。

5 米語イディオム600 ELTで学ぶ使い分け&言い替え

バーバラ・ゲインズ 著　　208ページ　ISBN 4-7700-2461-4

堅苦しくない自然な英語で話したい。これは英語を勉強している人にとって永遠のテーマと言えるのではないでしょうか。そのひとつの答えは英会話でイディオムを自然に使うことです。なかなかイディオムを使いこなすことは難しいことですが、効果的なイディオムを使うことで、より会話がはずむこともまた事実です。80のレッスンで600以上のイディオムの使い方が自然に身につきます。へそくり(a nest egg)、言い訳(a song and dance)など日常生活でよく使われる表現が満載です。

6 どこまで使える? "go"と"come" かんたん単語55の英会話

田崎清忠 著　　208ページ　ISBN 4-7700-2527-0

基本単語をきちんと使えるようになるのが英会話上達の秘訣です。"go"、"borrow"など55の基本単語をキーに、「単語」の周辺を、エピソードとうんちく満載で紹介します。楽しく読んでいるうちに、その言葉の本当の意味や、類似・関連表現、正しい使い方などが、知らず知らずのうちに身につきます。

7 アメリカ留学日常語事典　これがなければ1日も過ごせない!

東 照二 著　　　　　　　　　　　　　　　192ページ　ISBN 4-7700-2470-3

アメリカのキャンパスには、独特の用語や表現がいっぱいあります。大学から届いたカタログを読んでいると、わからない単語が出ていた。手元の辞書を引いてみると日本語訳は載っているけれど、何のことかよく理解できない……。こんな経験をしたこと、あなたはありませんか？　ちゃんと理解しないまま学校選びや留学生活に入ると、とんだ勘違いや後悔をすることになりかねません。本書は、留学を志す人、アメリカのキャンパスで生活する人が知っていないと困る用語と情報を一挙にまとめて、日本人にわかりやすく解説しました。

8 マナー違反の英会話　英語にだって「敬語」があります

ジェームス・M・バーダマン、森本豊富 共著　　　208ページ　ISBN 4-7700-2520-3

英語にだって「敬語」はあります。文法的には何の誤りもない「正しい英語」表現ですが、"I want you to write a letter of recommendation."（推薦状を書いてくれ）なんてぶっきらぼうな英語で依頼されたら、教授だってムッとしてしまうでしょう。「アメリカ人はフランクで開放的」と言われますが、お互いを傷つけないよう非常に気配りをしています。逆に、親しい仲間うちで丁寧な英語表現ばかりを使っていては、打ち解けられません。英語にだってTPOがあります。場に応じた英語表現を使い分けましょう。

9 英語で「四字熟語」365　英語にするとこんなにカンタン!

松野守峰、N・ミナイ 共著　　　　　　　　　　272ページ　ISBN 4-7700-2466-5

四字熟語をマスターし、その英語表現によって、ボキャブラリーも急増する一石二鳥のおトクな一冊！　日常よく使われる365の四字熟語を「努力・忍耐」「リーダーシップ」「チームワーク」「苦境」「性格」「能力」「友情」「恋愛」「宿命」などの意味別に分類し、英語にしました。四字熟語も英語で言うとこんなにカンタンなのかと、目からウロコが落ちることでしょう。

10 「英語モード」で英会話　これがネイティブの発想法

脇山 怜、佐野キム・マリー 共著　　　　　　　224ページ　ISBN 4-7700-2522-X

英語でコミュニケーションをするときには、日本語から英語へ、「モード」のスイッチを切り替えましょう。タテ社会の日本では、へりくだって相手を持ち上げることが、人間関係の処世術とされています。ところが、「未経験で何もわかりませんがよろしく」のつもりで "I am inexperienced and I don't know anything." なんて英語で言えば、それはマイナスの自己イメージを投影することになるでしょう。「日本語モード」の英語は誤解のもとです。

11 英語で読む「科学ニュース」　話題の知識を英語でGet!

松野守峰 著　　　　　　　　　　　　　　　208ページ　ISBN 4-7700-2456-8

科学に関する知識とことばが同時に身につく、画期的な英語実用書。「ネット恐怖症族」「スマート・マウスパッド」から「デザイナー・ドラッグ」「DNAによる全人類の祖先解明」まで、いま話題の科学情報が英語でスラスラ読めるようになります。ていねいな語句解説と豊富な用語リストにより、ボキャブラリーも大幅アップ！

12-1 CDブック 英会話・ぜったい・音読・入門編　英語の基礎回路を作る本

國弘正雄 編　久保野雅史 トレーニング指導　千田潤一 レッスン選択
160ページ　CD (25分)付　ISBN 4-7700-2746-X

「勉強」するだけでは、使える英語は身につきません。スポーツと同じで「練習」が必要です。使える英語を身につけるには、読んで内容がわかる英文を、自分の身体が覚え込むまで、繰り返し声を出して読んでみることです。音読、そして筆写という、いわば英語の筋肉トレーニングを自分自身でやってみて、初めて英語の基礎回路が自分のなかに構築出来るのです。中学1、2生用の英語教科書から選び抜いた12レッスンで、「読める英語」を「使える英語」に変えてしまいましょう。まずは3カ月、だまされたと思って練習してみると、確かな身体の変化にきっと驚くことでしょう。

12-2 CDブック 英会話・ぜったい・音読　頭の中に英語回路を作る本

國弘正雄 編　千田潤一 トレーニング指導
144ページ CD (40分)付　ISBN 4-7700-2459-2

英語を身につけるには、英語の基礎回路を作ることが先決です。家を建てる際、基礎工事をすることなしに、柱を立てたり、屋根を作るなんてことはしないはずです。英語もこれと同じです。基礎回路が出来ていない段階で、雑多な新しい知識を吸収しようとしても、ざるで水をすくうようなものです。単語や構文などをいくら覚えたとしても、実際の場面では自由には使えません。英語を身体で覚える…、それには、何と言っても音読です。本書には、中学3年生用の文部省認定済み英語教科書7冊から、成人の英語トレーニングに適した12レッスンを厳選して収録しました。だまされたと思って、まずは3ヵ月続けてみてください。確かな身体の変化にきっと驚かれることでしょう。

13 英語のサインを読む　アメリカ生活情報早わかりマニュアル

清地恵美子 著　240ページ　ISBN 4-7700-2519-X

広告や看板の読み方がわかると、アメリカの英語と暮らしが見えてきます。「スーパーのチラシに$2.99Lb.とあるけど意味がわからない」、「コインランドリーを使いたいのだけれど」、「ガソリンを入れたいのだけれどノズルの使い方がわからない！」…、そんな時に限って、周りにだれもいないものです。本書では自動販売機の使い方、案内板や利用説明書の読み方など、生活情報入手のコツを28分野にわたって紹介しました。

14 産直! ビジネス英語　NY発、朝から夜までの英会話

藤松宏夫 著　224ページ　ISBN 4-7700-2458-4

英語がペラペラしゃべれるだけでは、NYでビジネスは出来ません。会議を司会する、人事考課の評定を部下に納得させる、ビジネスランチを成功させる、効果的に情報を入手するなど……。これらが英語でちゃんと出来て、あなたは初めて一人前です。それには、アメリカ人の常識、習慣、考え方を知ったうえで適切な英語表現を身につけることが欠かせません。NY在住二十余年の筆者が、アメリカ式ビジネスの仕方と英語を手ほどきしました。

15 AorB？ ネイティブ英語　日本人の勘違い150パターン

ジェームス・M・バーダマン 著　192ページ　ISBN 4-7700-2708-7

日本人英語には共通の「アキレス腱」があります。アメリカ人の筆者が、身近でもっとも頻繁に見聞きする、日本人英語の間違い・勘違いを約150例、一挙にまとめて解説しました。間違いを指摘し、背景を解説するだけでなく、実践的な例文、関連表現も盛り込みましたので、日本人共通の弱点を克服できます。これらの150パターンさえ気をつければ、あなたの英語がグンと通じるようになることでしょう。

16 英語でEメールを書く　ビジネス＆パーソナル「世界基準」の文例集

田中宏昌、ブライアン・アズビョンソン 共著　224ページ　ISBN 4-7700-2566-1

Eメールはこんなに便利。英文Eメールは、他の英文ライティングとどう違う？　気を付けなければならないポイントは？　など、Eメールのマナーからビジネスでの使いこなし方、さらには個人的な仲間の増やし方やショッピングの仕方まで、様々な場面に使える実例を豊富に掲載しました。例文には考え方をも解説してありますので、応用が簡単に出来ます。また英文には対訳が付いています。

17 「恋する」英会話　もっと素敵な女性になれる本

窪田ひろ子 著　224ページ　ISBN 4-7700-2526-2

素敵なレディには素敵な英会話をお薦めします。品のない英語を話したら、せっかくの恋だって逃げてしまいます。あなたが使う「コトバ」によって、あなたの周囲に集まる人が変わってくることでしょう。そうは言っても、大切な出会いの後、自己紹介の次には、どんなことを話せば良いのでしょうか…。本書では、センスある話題の選び方や話し方から、イヤな男に誘われた時の断わり方まで、あなたを洗練された英語の世界にご案内します。

18 CDブック 英会話・はじめの一言　相手を引きつける出会いのフレーズ

中山幸男 著　　　　　　　　　240ページ CD (60分)付　　ISBN 4-7700-2721-4

気の利いた一言がサッと出てくるように「機知の引き出し箱」を用意しました。巷には、いろいろな表現を羅列した英会話の本がたくさんありますが、実際の場面で使ってみようと思うフレーズはいくつあるでしょう？　苦しまぎれに無味乾燥な表現ばかり並べても、会話はちっとも弾みません。本書は、たった一言でもキラリと光るフレーズをシチュエーション別にまとめました。例えば、握手しながらお辞儀をしてしまったとき"That's how Japanese say hello." と言えば、相手もクスッとして緊張感もほぐれることでしょう。これからは「はじめの一言」をドンドン投げかけていってください。

19 CDブック 英会話・つなぎの一言　質問すれば会話がはずむ！

浦島 久、クライド・ダブンポート 共著 240ページ CD (62分)付　ISBN 4-7700-2728-1

質問は相手の答えを聞き取るための最大のヒント！　初級者（TOEIC350～530点 英検3級～準2級）向けの質問例文集。英会話にチャレンジしたものの、相手の英語がまったく理解できなかった、あるいは、会話がつながらなかった、という経験はありませんか？　そんなときは、積極的に質問してみましょう。自分の質問に対する相手の答えは理解できるはずです。つまり、質問さえできれば相手の英語はある程度わかるようになるのです。ドンドン質問すれば、会話もつながり、それはまた、リスニング強化にもつながります。本書では、質問しやすい99のテーマに1800の質問文例を用意しました。

20 似ていて違う英単語　コリンズコービルド英語表現使い分け辞典

エドウィン・カーペンター 著　斎藤早苗 訳　　　256ページ　ISBN 4-7700-2484-3

SayとTellはどう違う？　最新の生きている英語　使い分け辞典　英語には英和辞書を引いても、違いがわからない単語がいくつもあります。そんな一見同じに見える表現にはどんな違いがあるのだろうか。どう使い分ければ良いのだろう。そんな疑問に答えるのが本書です。Collins COBUILDの誇る3億語以上の英語のデータベースの分析から生まれた辞典です。例文も豊富に掲載しました。

21 留学の常識＆非常識　失敗しないアメリカ留学

栄 陽子 著　　　　　　　　　　　　　224ページ　ISBN 4-7700-2516-5

「入学出来る」だけで良いのですか？　地元の人や卒業生の子弟は優先的に入学させるのがアメリカの大学です。入学許可をもらっただけで喜ばないでください。入るのは簡単ですが、出るのは大変なのです。でも安心してください。これまでの努力もあって日本人留学生の何と8～9割程度は卒業しているのです。「卒業することを視野に入れた留学カウンセリング」で定評がある栄 陽子が、これだけは知ってて欲しい「アメリカ留学の常識」を一挙にまとめて解説しました。

22 チャートでわかるaとanとthe　ネイティブが作った冠詞ナビ

アラン・ブレンダー 著　　　　　　　288ページ　ISBN 4-7700-2643-9

最も基本的でありながら最も理解されていない単語aとanとthe。冠詞は最も頻繁に使われる英単語トップ10にランクされ、日本人が決してスペリングの間違いをしない単語でありながら、日本人の中で正確に理解している人がほとんどいないという不思議な単語です。本書では、冠詞の機能を単独にではなく、主語や動詞との一致、語順、文脈、話者の心理などから多面的に説明することで十分な理解と応用力が得られるよう工夫しています。

23 英語で笑介 日本の名所30　通訳ガイドのジョークを盗む

関山貞三 著　　　　　　　　　　　　208ページ　ISBN 4-7700-2521-1

一度笑わせてしまえれば、「英会話」に自信がつきます。たどたどしい英語で日本を話す場合には、あらかじめジョークを仕込んでおいて、その中からひとつでもふたつでも実際の会話で使ってみることです。ジョークが決まる瞬間は嬉しいものです。一度でも経験すると、英会話に自信がつくことでしょう。プロのガイドさんの種本から、日本で使える英語のジョークを百連発で紹介してみました。「英語でこれは何と言うのだろうか…」、そんな単語や表現には、サブリミナル式で英語がすぐ後ろから追いかけてきます。日本語で読んでいても、知らず知らずのうちに、英語が身につきます。

あなたの英語が変わる
講談社パワー・イングリッシュ

ネイティブチェック済

ホームページ　http://www.kodansha-intl.co.jp

これを英語で言えますか?

学校で教えてくれない身近な英単語

四捨五入する	round off
5^2	five squared
モーニングコール	wake-up call
ホチキス	stapler
改札口	ticket gate
昇進	promotion
協調介入	coordinated intervention
貸し渋り	credit crunch
介護保険	nursing care insurance
花粉症	hay fever
朝飯前だよ	That's a piece of cake!

講談社インターナショナル 編
232ページ
ISBN 4-7700-2132-1

日本人英語の盲点になっている英単語に、70強のジャンルから迫ります。読んでみれば、「なーんだ、こんなやさしい単語だったのか」、「そうか、こう言えば良かったのか」と思いあたる単語や表現がいっぱいです。雑学も満載しましたので、忘れていた単語が生き返ってくるだけでなく、覚えたことが記憶に残ります。弱点克服のボキャビルに最適です。

SECTION 1
名 詞

2 普通名詞

3a 単数形

SECTION 2
- **3a-1** 既出(既に話に登場している場合)
- **3a-2** 限定(情況や意味が限定されている場合)
- **3a-3** 代表(その種やカテゴリーを代表する場合)
- **3a-4** 最高・最適を示す場合
- **3a-5** ある種の病名
- **3a-6** by/to + the「体の一部」
- **3a-7** in + the「1日における時間帯」
  by + the「時間」や「数量」→ The
- **3a-8** 慣用表現

↓
the

SECTION 3
- **3a-9** 不可算名詞
- **3a-10** 限定詞(this、that、each など)がある場合
- **3a-11** 所有格が使われている場合
- **3a-12** 名詞が which、what、whose に続く場合
- **3a-13** 「前置詞+(無冠詞)名詞」の慣用句
- **3a-14** 「the+名詞」に続く名詞
- **3a-15** 動名詞
- **3a-16** 無冠詞の慣用表現
- **3a-17** 重い病気

↓
無冠詞

SECTION 4
- **3a-18** 母音の前

↓
an

SECTION 5
- **3a-19** 複数の中の1つを示す
- **3a-20** 総称や定義を表す
- **3a-21** 「such+a ~」の構文
- **3a-22** 日常的な病名
- **3a-23** 慣用表現

↓
a an

3b 複数形

SECTION 6
- **3b-1** 既出(既に話に登場している場合)
- **3b-2** 限定(情況や意味が限定されている場合)
- **3b-3** either of・neither of・each of・none of・all of・both of・most of・some of に続く複数名詞

↓
the

SECTION 7
- **3b-4** ある種の数詞につく
- **3b-5** few/great many/lot of につく

↓
a an

▶ **無冠詞**

2　固有名詞

3c 単数形

SECTION 8

- **3c-1** 集合の中の個々の構成員を指す
- **3c-2** 個々のブランド製品を指す
- **3c-3** 個々の芸術作品を指す
- **3c-4** 重要でないこと・不特定であることを示す

↓

a an

SECTION 9

- **3c-5** 人物名について重要性を示す
- **3c-6** 形容詞とともに家族の一員を示す
- **3c-7** 組織・団体名を構成する
- **3c-8** 役職名・称号につく
- **3c-9** 海洋・河川の名などにつく
- **3c-10** 群島の名につく
- **3c-11** 山脈の名につく
- **3c-12** 砂漠の名につく
- **3c-13** 船舶の名につく
- **3c-14** 国名・地域名につく
- **3c-15** 列車や飛行機名につく
- **3c-16** 橋やトンネルの名につく
- **3c-17** ホテルや建築物名につくことがある
- **3c-18** 新聞や宗教関連書籍・教典などにつくことがある
- **3c-19** 歴史上の時代名につく

↓

the

→ **無冠詞**

3d 複数形

SECTION 10

- **3d-1** 限定されない集合の構成員
- **3d-2** 集合の構成員全体を指す場合
- **3d-3** 限定詞・所有格がつく場合
- **3d-4** which や whose がつく場合
- **3d-5** 数詞がつく場合
- **3d-6** ファースト・ネームの複数形
- **3d-7** 曜日の複数形

↓

無冠詞

SECTION 11

- **3d-8** few/great many/lot of につく場合
- **3d-9** 数詞につく場合

↓

a

SECTION 12

- **3d-10** 「the + 名字の複数形」
- **3d-11** 「the +固有名詞・複数形」

↓

the

形容詞につく the